Neutrale Aufwendungen und deren Berücksichtigung im Rahmen der Entgeltregulierung

Europäische Hochschulschriften
Publications Universitaires Européennes
European University Studies

Reihe II
Rechtswissenschaft

Série II Series II
Droit
Law

Bd./Vol. 4157

PETER LANG
Frankfurt am Main · Berlin · Bern · Bruxelles · New York · Oxford · Wien

Martin Reich

Neutrale Aufwendungen und deren Berücksichtigung im Rahmen der Entgeltregulierung

PETER LANG
Europäischer Verlag der Wissenschaften

Bibliografische Information Der Deutschen Bibliothek
Die Deutsche Bibliothek verzeichnet diese Publikation in der Deutschen Nationalbibliografie; detaillierte bibliografische Daten sind im Internet über <http://dnb.ddb.de> abrufbar.

Zugl.: Regensburg, Univ., Diss., 2004

D 355
ISSN 0531-7312
ISBN 3-631-53650-X

www.peterlang.de

Meiner Familie

Vorwort

Die vorliegende Abhandlung ist im Sommersemester 2004 von der Juristischen Fakultät der Universität Regensburg als Dissertation angenommen worden. Sie beruht auf dem Stand vom Juni 2003. Rechtsprechung und Literatur konnten bis zu diesem Zeitpunkt Berücksichtigung finden.

Mein besonderer Dank gilt dabei Herrn Prof. Dr. Gerrit Manssen für die Betreuung der Dissertation, seine wertvollen Anregungen sowie die rasche Erstkorrektur. Bedanken möchte ich mich auch bei Herrn Prof. Dr. Rolf Eckhoff für die Erstellung des Zweitgutachtens.

Nicht zuletzt danke ich des Weiteren allen, ohne deren Verständnis und Ermutigung die Promotion nicht möglich gewesen wäre.

München, im Januar 2005 — Martin Reich

Gliederung

A. Einleitung

Die Frage nach der Berücksichtigung neutraler Aufwendungen im Rahmen der Entgeltregulierung ist vornehmlich in § 3 Abs. 4 TEntgV angesiedelt und stellt eine grundlegende Problematik des Telekommunikationsrechts dar. Denn neutrale Aufwendungen umfassen gemäß § 3 Abs. 4 TEntgV die vom beantragenden Unternehmen nachgewiesenen Kosten, soweit sie die Kosten der effizienten Leistungsbereitstellung übersteigen und damit als Aufwendungen gelten, die für die effiziente Leistungsbereitstellung nicht notwendig sind, sowie andere neutrale Aufwendungen. Folglich können neutrale Aufwendungen Eingang in die Kostenrechnung jeder Telekommunikationsdienstleistung finden, so dass die Thematik einerseits eine betriebswirtschaftliche Komponente beinhaltet.

Andererseits bedarf es zur Berücksichtigung neutraler Aufwendungen im Rahmen der Entgeltregulierung einer rechtlichen Verpflichtung oder einer sonstigen sachlichen Rechtfertigung. Darin besteht die rechtliche Komponente der Problematik.

Die vorliegende Arbeit behandelt die interdisziplinäre Thematik in zwei Untersuchungskomplexen. Zum einen widmet sie sich der Fragestellung, welche Kosten der Deutschen Telekom AG unter der Voraussetzung der Vorlage vollständiger Nachweise als neutrale Aufwendungen in Betracht kommen sowie ob, in welchem Umfang und für welchen Zeitraum sie im Rahmen der Entgeltgenehmigung zu berücksichtigen sind. Zum anderen beschäftigt sie sich auf Grund der besonderen Bedeutung und Aktualität mit der Sonderproblematik, mittels welcher Methodik neutrale Aufwendungen bei der Regulierung der Entgelte der Netzzusammenschaltung im Falle der Vorlage unvollständiger Kostennachweise Berücksichtigung finden können.

Dabei folgt die Untersuchung innerhalb des ersten Komplexes im Einzelnen nachstehender Vorgehensweise:

Sie behandelt vorab die Fragestellung, was unter (anderen) neutralen Aufwendungen im Rahmen der Entgeltregulierung zu verstehen ist.[1] Dazu erfolgt die Bestimmung des Begriffs und der Fallgruppen ausgehend von der Betriebswirtschaftslehre.

Da die Berücksichtigung neutraler Aufwendungen im Rahmen der Entgeltregulierung im Übrigen einen Ausnahmetatbestand zu dem Grundsatz der Kosten

1 Vgl. die folgende Darstellung unter B.

der effizienten Leistungsbereitstellung bildet, folgt im Anschluss zuerst die Darlegung des Grundsatzes[1] und danach die der Ausnahme[2]. Von der betriebswirtschaftlichen Komponente der Problematik ausgehend erfolgt innerhalb der Darstellung des Grundsatzes der Kosten der effizienten Leistungsbereitstellung zuerst die Bestimmung der Methode zur Erfassung der Kosten einzelner Dienste.[3] Sodann werden die europarechtlichen Vorgaben hinsichtlich der Kostenmethodik erörtert.[4] Im Anschluss daran erfolgt die Vornahme eines Rechtsvergleichs hinsichtlich der in der jeweiligen Rechtsordnung angewandten Kostenmethodologie.[5] Danach werden die diesbezüglichen Vorgaben des Telekommunikationsrechtes erläutert.[6]

Im Rahmen der folgenden Erörterung der Ausnahme der Berücksichtigung neutraler Aufwendungen im Rahmen der Entgeltregulierung werden anhand der aus der Abhandlung resultierenden Erkenntnisse die als Untersuchungsgegenstand in Betracht kommenden neutralen Aufwendungen festgelegt[7], bevor sich die Arbeit im Anschluss daran der weitergehenden Fragestellung widmet, ob, inwieweit und für welchen Zeitraum die dementsprechend ermittelten neutralen Aufwendungen im Rahmen der Entgeltregulierung Berücksichtigung finden. Demnach folgt insoweit die Untersuchung, ob für die in Frage stehenden neutralen Aufwendungen eine rechtliche Verpflichtung[8] oder eine sonstige sachliche Rechtfertigung besteht[9]. In diesem Zusammenhang werden auch Auslegungsfragen erörtert.[10]

Innerhalb des zweiten Untersuchungskomplexes befasst sich die Arbeit vorab mit der Frage, welche Netzstruktur die Kosten der effizienten Leistungsbereitstellung abbildet.[11] Denn Entgelte haben sich an den Kosten der effizienten Leistungsbereitstellung zu orientieren, so dass die Leistungsbereitstellung selbst nach einem effizienten Prozess abzulaufen hat, der wiederum effiziente Netzstrukturen voraussetzt. Erst nach der Beantwortung der Vorfrage lässt sich konstatieren, ob gegebenenfalls darüber hinausgehende Kosten geltend gemacht werden und ob sie als berücksichtigungsfähig zu bewerten sind.

---

1 Vgl. die folgende Darstellung unter C.I.
2 Vgl. die folgende Darstellung unter C.II.
3 Vgl. die folgende Darstellung unter C.I.1.
4 Vgl. die folgende Darstellung unter C.I.2.
5 Vgl. die folgende Darstellung unter C.I.3.
6 Vgl. die folgende Darstellung unter C.I.4.
7 Vgl. die folgende Darstellung unter C.II.1.
8 Vgl. die folgende Darstellung unter C.II.2.
9 Vgl. die folgende Darstellung unter C.II.3.
10 Vgl. die folgende Darstellung unter C.II.4.
11 Vgl. die folgende Darstellung unter D.I.

In diesem Zusammenhang erfolgt zunächst ein Rückblick auf die bis zum 31. Dezember 2001 geltende Struktur für Zusammenschaltungsentgelte[1] und anschließend die Darstellung der aktuellen Element-Based-Charging-Entgeltstruktur anhand der dazu ergangenen behördlichen und gerichtlichen Entscheidungen[2]. Auf Grund der danach erheblich divergierenden Sichtweisen der Wettbewerber, der Regulierungsbehörde für Telekommunikation und Post sowie der Deutschen Telekom AG in Bezug auf die effiziente Netzstruktur behandelt die Arbeit somit nachfolgend die Fragestellung, ob bei deren Festlegung ein Beurteilungsspielraum besteht und gegebenenfalls wem ein solcher zusteht.[3] Insoweit grenzt sie aus Gründen der Rechtssystematik zuvor anhand der dargestellten behördlichen und gerichtlichen Entscheidungen ab, in welcher der unterschiedlichen Konstellationen die Thematik überhaupt zum Tragen kommt. Im Anschluss daran werden die bei der Beantwortung der Frage nach der effizienten Netzstruktur gewonnenen Erkenntnisse auf die nächste Prüfungsebene der Berücksichtigung neutraler Aufwendungen im Rahmen der Entgeltgenehmigung übertragen und eine dreistufige Vorgehensweise entwickelt.[4]

Im Übrigen verlieren die im Rahmen der Untersuchung getroffenen Feststellungen durch die Novellierung des Telekommunikationsgesetzes[5] nicht ihre Aktualität, da die insoweit maßgeblichen aktuellen Regelungen im Wesentlichen auch Eingang in den Referentenentwurf zum Telekommunikationsgesetz[6] gefunden haben. Denn § 27 Abs. 2 TKG-E 2003 enthält eine Konkretisierung des Begriffs der Kosten der effizienten Leistungsbereitstellung, die der des § 3 Abs. 2 TEntgV entspricht, und § 3 Abs. 4 TEntgV ist in § 27 Abs. 3 TKG-E 2003 widergespiegelt, ausweislich dessen über die Kosten der effizienten Leistungsbereitstellung hinausgehende Aufwendungen nur berücksichtigt werden, soweit und solange hierfür eine rechtliche Verpflichtung besteht oder das die Genehmigung beantragende Unternehmen eine sonstige sachliche Rechtfertigung nachweist.[7] Demzufolge behalten die gewonnenen Erkenntnisse ihre Bedeutung auch über den Zeitpunkt des Inkrafttretens des novellierten Telekommunikationsgesetzes hinaus.

---

1 Vgl. die folgende Darstellung unter D.I.1.

2 Vgl. die folgende Darstellung unter D.I.2.

3 Vgl. die folgende Darstellung unter D.I.3.

4 Vgl. die folgende Darstellung unter D.II.

5 Das novellierte Telekommunikationsgesetz tritt voraussichtlich Mitte des Jahres 2004 in Kraft.

6 Referentenentwurf TKG-E 2003, Stand: 30.04.2003, verfügbar unter <http://www.bmwi.de/Redaktion/Inhalte/Downloads/TKG-RefE,templateId=download.pdf>.

7 Vgl. Begründung zu § 27 TKG-E 2003, verfügbar unter <http://www.bmwi.de/Redaktion/Inhalte/Downloads/TKG-RefE-Begruendung,templateId=download.pdf>.

B. Neutrale Aufwendungen

Bei dem Begriff der neutralen Aufwendungen im Rahmen der Entgeltregulierung handelt es sich um einen Terminus aus der Betriebswirtschaftslehre.[1] Demnach erfolgen dessen Bestimmung und dic Festlegung eventuell bestehender Fallgruppen ausgehend von diesem Teil der Wirtschaftswissenschaften. Der Begriff der neutralen Aufwendungen unterteilt sich dabei in den Grundbegriff der Aufwendungen als einer Strömungsgröße und die nähere Bestimmung neutral, die sich in ihrer Abgrenzung zu Zweckaufwand definiert.[2]

I. Aufwendungen

Der Begriff der Aufwendungen im Sinne der Betriebswirtschaftslehre steht im Zusammenhang mit der Gewinn- und Verlustrechnung.[3]

1. Gewinn- und Verlustrechnung

Die Gewinn- und Verlustrechnung sowie die Bilanz stellen Rechenwerke des externen Rechnungswesens dar, in dem Wertzuwachs und Wertverzehr aller unternehmerischen Transaktionen eines definierten Zeitabschnitts Berücksichtigung finden.[4] Während die Bilanz die Vermögens- und Finanzlage des Unternehmens bezogen auf den Bilanzstichtag abbildet[5], handelt es sich demgegenüber bei der Gewinn- und Verlustrechnung um eine Zeitraumrechnung für das am Bilanz-

1 Eisele, Technik des betrieblichen Rechnungswesens, Teil B, 2.2.

2 Wöhe, Einführung in die Allgemeine Betriebswirtschaftslehre, Sechster Abschnitt, A. II. 1.

3 Witte, in: Scheurle/Mayen, Kommentar zum TKG, § 24 Rdnr. 3; Spoerr, in: Trute/Spoerr/Bosch, Kommentar, TKG, § 24 Rdnr. 14; Eisele, Technik des betrieblichen Rechnungswesens, Teil A, 3.41.

4 Zimmermann, Grundzüge der Kostenrechnung, 1.1.2; Bitz/Dellmann/Domsch/Wagner, Vahlens Kompendium der Betriebswirtschaftslehre, C. 1. 1.; Coenenberg, Erster Teil, 1. Kapitel.

5 Bitz/Dellmann/Domsch/Wagner, Vahlens Kompendium der Betriebswirtschaftslehre, C. 1. 4. 3.

stichtag abgelaufene Geschäftsjahr.[1] Beide Rechenwerke, die Bilanz zum Schluss des Geschäftsjahres und die Gewinn- und Verlustrechnung für das Geschäftsjahr, stellen die Grundbestandteile des Jahresabschlusses dar (vgl. § 242 Abs. 3 HGB).[2]

Die Gewinn- und Verlustrechnung beinhaltet die im Geschäftsjahr angefallenen Erträge und Aufwendungen und weist als deren Differenz das Jahresergebnis aus.[3] Das positive Jahresergebnis wird als Jahresüberschuss bzw. Gewinn und das negative Jahresergebnis als Jahresfehlbetrag respektive Verlust bezeichnet.[4] Folglich handelt es sich bei Erträgen und Aufwendungen um die Rechengrößen der Gewinn- und Verlustrechnung.[5]

Sie bezeichnen Zahlungs- und Leistungsvorgänge.[6] Ihre Definition lässt sich in Abgrenzung zu den anderen drei Begriffspaaren zur Benennung der vom Rechnungswesen erfassten Zahlungs- und Leistungsvorgänge vornehmen:

(1)Einzahlungen – Auszahlungen;
(2)Einnahmen – Ausgaben;
(3)Erträge – Aufwendungen;
(4)Leistungen – Kosten.[7]

Alle genannten betriebswirtschaftlichen Begriffe stellen Strömungsgrößen dar, mithin Zahlungs- bzw. Leistungsvorgänge, die sich innerhalb einer bestimmten Periode ereignen.[8] Derartige Strömungsgrößen bewirken eine Veränderung von Bestandsgrößen, wobei die positiven Strömungsgrößen (Einzahlung, Einnahme, Ertrag, Leistung) eine Bestandserhöhung, die negativen (Auszahlung, Ausgabe, Aufwand, Kosten) eine Bestandsverminderung hervorrufen.[9] Dabei

---

1 Wöhe, Einführung in die Allgemeine Betriebswirtschaftslehre, Sechster Abschnitt, B. IV. 1.; Scheffler, Bilanzen richtig lesen, A. III. (S. 4); Wöhe, Bilanzierung und Bilanzpolitik, Erster Abschnitt, I. 1. b).

2 Dusemond/Kessler, Erstes Kapitel, Teil 1, B.; Bieg/Kußmaul, 1.1.2; Scheffler, Bilanzen richtig lesen, A. IV. (S. 6).

3 Bitz/Schneeloch/Wittstock, Der Jahresabschluss, Teil II, 4.1; Scheffler, Bilanzen richtig lesen, A. III. (S. 4); Wöhe, Einführung in die Allgemeine Betriebswirtschaftslehre, Sechster Abschnitt, B. IV. 1.

4 Scheffler, Bilanzen richtig lesen, C. II. 3.1.7; Bähr/Fischer-Winkelmann, Kapitel B, II. 2.2.2.1.5.

5 Eisele, Technik des betrieblichen Rechnungswesens, Teil A, 3.41.

6 Wöhe, Einführung in die Allgemeine Betriebswirtschaftslehre, Sechster Abschnitt, A. II. 1.

7 Eisele, Technik des betrieblichen Rechnungswesens, Teil B, 2.2.

8 Wöhe/Kußmaul, Grundzüge der Buchführung und Bilanztechnik, I. 5. a).

9 Schoenfeld/Möller, A. 2. 3.

veranlasst jedes der vier Begriffspaare die Veränderung eines anderen definierten Bestandes.[1] Aus der Differenz zwischen der positiven Strömungsgröße einer Periode (Bestandserhöhung) und der dazugehörigen negativen Strömungsgröße einer Periode (Bestandsminderung) resultiert die Veränderung (Erhöhung oder Verminderung) des betreffenden Bestandes in dieser Periode.[2]

2. Einzahlungen/Auszahlungen

Die Summe aus Kassenbeständen und jederzeit verfügbaren Bankguthaben, mithin der Bestand an liquiden Mitteln, wird als Zahlungsmittelbestand bezeichnet.[3] Jeder Vorgang, bei dem der Zahlungsmittelbestand zunimmt, stellt eine Einzahlung dar; jeder Vorgang, der zu einer Abnahme des Zahlungsmittelbestandes führt, eine Auszahlung.[4]

3. Einnahmen/Ausgaben

Demgegenüber bildet das Geldvermögen die Summe aus Zahlungsmittelbestand (Kassenbestände und jederzeit verfügbare Bankguthaben) und Bestand an sonstigen Forderungen abzüglich des Bestandes an Verbindlichkeiten.[5] Bei jedem Geschäftsvorfall, der zu einer Erhöhung des Geldvermögens führt, handelt es sich um eine Einnahme; bei jedem Geschäftsvorfall, der eine Verminderung des Geldvermögens hervorruft, um eine Ausgabe.[6]

4. Erträge/Aufwendungen

Die Summe aus Geldvermögen und Sachvermögen, mithin die Summe aus dem Bestand an Kassenbeständen und jederzeit verfügbaren Bankguthaben, dem Bestand an sonstigen Forderungen sowie dem Bestand an Sachvermögen, für dessen

---

1 Wöhe, Einführung in die Allgemeine Betriebswirtschaftslehre, Sechster Abschnitt, A. II. 1.
2 Wöhe/Kußmaul, Grundzüge der Buchführung und Bilanztechnik, I. 5. a).
3 Zimmermann, Grundzüge der Kostenrechnung, 2.1.2.
4 Wöhe, Einführung in die Allgemeine Betriebswirtschaftslehre, Sechster Abschnitt, A. II. 2.
5 Zimmermann, Grundzüge der Kostenrechnung, 2.1.2.
6 Spoerr, in: Trute/Spoerr/Bosch, Kommentar, TKG, § 24 Rdnr. 14; Wöhe, Einführung in die Allgemeine Betriebswirtschaftslehre, Sechster Abschnitt, A. II. 2.

Bewertung die Wertansätze der Finanzbuchhaltung herangezogen werden, abzüglich des Bestandes an Verbindlichkeiten, bildet das sogenannte Netto- oder Reinvermögen.[1] Jeder Vorgang, der zu einer Erhöhung dieses Nettovermögens führt, stellt Ertrag dar, jeder Geschäftsvorfall, der eine Verminderung des Nettovermögens hervorruft, Aufwand.[2]

Die bisher erörterten Beziehungen zwischen den Bestands- und Strömungsgrößen verdeutlicht das folgende Schaubild:[3]

Bestände und ihre Komponenten	Positive Bestandsänderungen	Negative Bestandsänderungen
Kassenbestand + jederzeit verfügbare Bankguthaben ——— = **Zahlungsmittelbestand**	**Einzahlungen**	**Auszahlungen**
Zahlungsmittelbestand + alle übrigen Forderungen ./. Verbindlichkeiten ——— = **Geldvermögen**	**Einnahmen**	**Ausgaben**
Geldvermögen + Sachvermögen ——— = **Netto- oder Reinvermögen**	**Erträge**	**Aufwendungen**

1 Wöhe/Kußmaul, Grundzüge der Buchführung und Bilanztechnik, I. 5. c).

2 Vgl. Schweitzer/Küpper, Systeme der Kosten- und Erlösrechnung, S. 26; Witte, in: Scheurle/Mayen, Kommentar zum TKG, § 24 Rdnr. 3; Spoerr, in: Trute/Spoerr/Bosch, Kommentar, TKG, § 24 Rdnr. 14.

3 Wöhe, Einführung in die Allgemeine Betriebswirtschaftslehre, Sechster Abschnitt, A. II. 3.

5. Leistungen/Kosten

Die bisher behandelten Begriffspaare kennzeichnen die Zahlen der Finanzbuchführung. Demgegenüber dienen die Begriffe Leistung und Kosten zur Bezeichnung von Vorgängen, die ihren zahlenmäßigen Niederschlag in der Betriebsabrechnung finden.[1]

Als Aufwand wird die Verminderung des Nettovermögens bezeichnet, mithin der in der Finanzbuchhaltung erfasste Wertverzehr (Wertverbrauch) einer Abrechnungsperiode.[2] Als Verbrauch von Werten kommt einerseits eine Umformung von Werten (beispielsweise Verbrauch von Rohstoffen zur Erstellung von Fabrikaten) in Betracht, dann steht dem Güterverzehr ein Gegenwert in Form von Betriebsleistungen gegenüber, oder der Wertverbrauch kann andererseits ohne Gegenwert erfolgen, wie z.B. bei der Zahlung einer Spende (freiwillig) oder der Zahlung von Steuern (zwangsweise).[3]

Bei dem Teil des in einer Periode eingetretenen Wertverzehrs, der bei der Erstellung von Betriebsleistungen angefallen ist, handelt es sich um Kosten.[4] Auch die (Betriebs-)Leistung bildet das Ergebnis der betrieblichen Tätigkeit, die sich in Sachgütern und Dienstleistungen niederschlägt, und damit den Gegenbegriff zu den Kosten.[5]

II. Neutraler Aufwand/Zweckaufwand

Der Begriff des neutralen Aufwands wiederum definiert sich in seiner Abgrenzung zu Zweckaufwand.[6]

1 Eisele, Technik des betrieblichen Rechnungswesens, Teil B, 2.1.

2 Wöhe/Kußmaul, Grundzüge der Buchführung und Bilanztechnik, I. 5. c).

3 Wöhe, Einführung in die Allgemeine Betriebswirtschaftslehre, Sechster Abschnitt, A. II. 4.

4 Wilkens, Teil C, II. a.; Koch, Kosten- und Leistungsrechnung, III. 1.; Spoerr, in: Trute/Spoerr/Bosch, Kommentar, TKG, § 24 Rdnr. 14; Witte, in: Scheurle/Mayen, Kommentar zum TKG, § 24 Rdnr. 3.

5 Wöhe, Einführung in die Allgemeine Betriebswirtschaftslehre, Sechster Abschnitt, A. II. 4.; Eisele, Technik des betrieblichen Rechnungswesens, Teil B, 2.1.

6 Eisele, Technik des betrieblichen Rechnungswesens, Teil B, 2.2.

1. Abgrenzung

Die Abgrenzung erfolgt dabei in Gegenüberstellung zu den Kosten.[1] Aufwand und Kosten stimmen nicht in vollem Umfang überein, da einerseits Aufwand, mithin in der Finanzbuchhaltung erfasster Wertverzehr an Nettovermögen, existiert, der entweder nicht mit der Erstellung von Betriebsleistungen in Zusammenhang steht oder ihnen nicht oder nicht in voller Höhe zugerechnet wird, sogenannter neutraler Aufwand.[2] Andererseits existieren Kosten, die lediglich in der Betriebsbuchführung verrechnet werden, denen entweder kein Aufwand oder nicht in voller Höhe der Kosten Aufwand entspricht, sogenannte Zusatzkosten.[3] Soweit sich Aufwand und Kosten decken, handelt es sich um Zweckaufwand und Grundkosten.[4] Diesen Zusammenhang illustriert folgende Abbildung:[5]

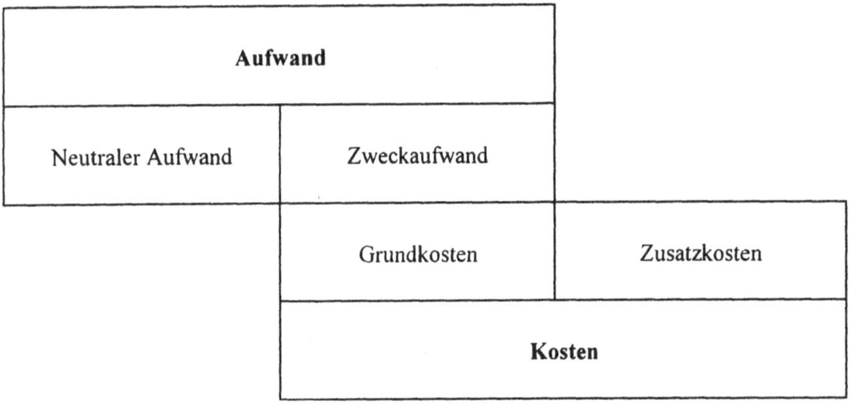

1 Zimmermann, Grundzüge der Kostenrechnung, 2.1.2.
2 Kloock/Sieben/Schildbach, S. 34 ff.; Witte, in: Scheurle/Mayen, Kommentar zum TKG, § 24 Rdnr. 3.
3 Spoerr, in: Trute/Spoerr/Bosch, Kommentar, TKG, § 24 Rdnr. 26; Wöhe/Kußmaul, Grundzüge der Buchführung und Bilanztechnik, I. 5. c).
4 Schweitzer/Küpper, Systeme der Kosten- und Erlösrechnung, S. 27.
5 Wöhe, Einführung in die Allgemeine Betriebswirtschaftslehre, Sechster Abschnitt, A. II. 4.

2. Arten

Der neutrale Aufwand, d.h. der Aufwand, dem keine Kosten gegenüberstehen, lässt sich in drei Kategorien unterteilen:[1]

a) Betriebsfremder Aufwand

Betriebsfremder Aufwand ist dann gegeben, wenn ein Wertverzehr überhaupt keine Beziehung zur betrieblichen Leistungserstellung aufweist (beispielsweise eine Spende an eine soziale Institution).[2]

b) Bewertungsbedingter neutraler Aufwand

Unter bewertungsbedingtem neutralem Aufwand ist ein Aufwand zu verstehen, der zwar seinem Wesen nach, nicht aber in seiner Höhe kostengleich ist.[3] Eine solche Fallkonstellation liegt beispielsweise vor, sofern in der Bilanz für ein Wirtschaftsgut ein höherer Abschreibungsbetrag als in der Kostenrechnung verrechnet wird, da entweder die Verteilung der Anschaffungskosten auf die Jahre der Nutzung auf Grund unterschiedlicher Zielsetzungen in der Bilanz nach einem anderen Abschreibungsverfahren als in der Kostenrechnung vorgenommen wird oder/und die Abschreibung in der Bilanz auf Basis der Anschaffungskosten, in der Kostenrechnung jedoch auf Basis der Wiederbeschaffungskosten erfolgt.[4]

c) Außerordentlicher Aufwand

Als außerordentlich ist ein Aufwand dann zu bezeichnen, wenn er zwar durch die Erstellung von Betriebsleistungen verursacht worden ist, aber so außergewöhnlich ist, dass er nicht in die Selbstkosten einbezogen werden kann (beispielsweise Feuer-, Sturm-, Diebstahlschäden, Verluste aus Bürgschaften)[5], da sich sonst die Selbstkosten einer Periode durch zufallsbedingten Wertverzehr erhöhten und

1 Wöhe/Kußmaul, Grundzüge der Buchführung und Bilanztechnik, I. 5. c).
2 Witte, in: Scheurle/Mayen, Kommentar zum TKG, § 27 Rdnr. 47; Spoerr, in: Trute/Spoerr/Bosch, Kommentar, TKG, § 24 Rdnr. 15; Koch, Kosten- und Leistungsrechnung, III. 1.
3 Schweitzer/Küpper, Systeme der Kosten- und Erlösrechnung, S. 28.
4 Schuster/Stürmer, in: Beck'scher TKG-Kommentar, Anhang § 27, § 3 TEntgV Rdnr. 34.
5 Witte, in: Scheurle/Mayen, Kommentar zum TKG, § 27 Rdnr. 47.

folglich weder eine Grundlage für die Produktionsplanung noch für die Preiskalkulation oder die Ermittlung der Preisuntergrenze sein könnten.[1]

1 Spoerr, in: Trute/Spoerr/Bosch, Kommentar, TKG, § 24 Rdnr. 15; Wöhe, Einführung in die Allgemeine Betriebswirtschaftslehre, Sechster Abschnitt, A. II. 4.

C. Berücksichtigung neutraler Aufwendungen im Rahmen der Entgeltregulierung

Im Anschluss daran stellt sich nunmehr die Frage, unter welchen Voraussetzungen die nach den oben beschriebenen Kriterien zu bestimmenden neutralen Aufwendungen im Rahmen der Entgeltregulierung Berücksichtigung finden. Da die Berücksichtigung neutraler Aufwendungen im Rahmen der Entgeltregulierung lediglich einen Ausnahmetatbestand zu dem Grundsatz der Kosten der effizienten Leistungsbereitstellung bildet, folgt zuerst die Darlegung des Grundsatzes und danach die der Ausnahme.

I. Grundsatz der Kosten der effizienten Leistungsbereitstellung

Die Normen der Entgeltregulierung als Instrument zur Umsetzung des Zieles der Wettbewerbsförderung können danach differenziert werden, ob sie die Parameter beinhalten, an denen sich die Entgelte zu orientieren haben (materielle Entgeltregulierung), oder ob sie das Verfahren der Regulierung regeln (formelle Entgeltregulierung).[1] Des Weiteren ist festzustellen, dass sich zwar das Regulierungsverfahren je nach der Klasse der beantragten Lizenz im Sinne des § 6 Abs. 2 TKG unterscheidet, der Genehmigungsmaßstab aber unabhängig von der Lizenzklassenzuordnung gleichermaßen gilt.[2]

Dabei bilden gemäß § 24 Abs. 1 Satz 1 TKG die Kosten der effizienten Leistungsbereitstellung den grundsätzlichen Maßstab für die Zulässigkeit von Entgelten eines marktbeherrschenden Unternehmens.[3] Daran hat das betroffene Unternehmen seine Preisgestaltung zu orientieren.[4]

Demgegenüber stellt § 25 TKG die grundlegende Bestimmung hinsichtlich des jeweils anzuwendenden Regulierungsverfahrens dar.[5] Danach unterliegen die Entgelte für das Angebot von Übertragungswegen und Sprachtelefondienst der

---

1 Vgl. Schroeder, WuW 1999, 14 (17 ff.).

2 Moritz, RTkom 2000, 102 (105).

3 Witte, in: Scheurle/Mayen, Kommentar zum TKG, § 24 Rdnr. 2; Spoerr, in: Trute/Spoerr/Bosch, Kommentar, TKG, § 24 Rdnr. 1; Wissmann, in: Wissmann, Praxishandbuch Telekommunikationsrecht, Kapitel 13 Rdnr. 100; Etling-Ernst, Praxiskommentar zum TKG, § 24 Rdnr. 2 und 8.

4 Manssen, in: Manssen, Kommentar, TKG, Band 1, § 24 Rdnr. 15.

5 Holznagel/Enaux/Nienhaus, Grundzüge des Telekommunikationsrechts, § 8 VI.

Genehmigung durch die Regulierungsbehörde vor Markteinführung („ex ante") durch das marktbeherrschende Unternehmen.[1] Die Regulierung der Entgelte aller anderen Telekommunikationsdienstleistungen des marktbeherrschenden Unternehmens erfolgt nachträglich („ex post") durch die Regulierungsbehörde.[2]

Im Übrigen unterfallen die Entgelte für die Gewährung von Netzzugang gemäß § 39 TKG einer Sonderform der Entgeltregulierung, wobei § 39 TKG auf die entsprechende Anwendung der §§ 24, 25 Abs. 1 und 3, die §§ 27, 28, 29, 30 Abs. 1 und 3 bis 6 und § 31 TKG zurückverweist. Demzufolge haben sich auch die Zusammenschaltungsentgelte an den Kosten der effizienten Leistungsbereitstellung zu orientieren.[3]

Damit kommt dem Grundsatz der Kosten der effizienten Leistungsbereitstellung für die Zulässigkeit von Entgelten eines marktbeherrschenden Unternehmens zentrale Bedeutung zu. Infolgedessen ist vorab die Verfahrensweise zu deren Erfassung zu bestimmen.

1. Kostenmodelle

Von der betriebswirtschaftlichen Komponente der Problematik ausgehend ist insoweit zuerst zu untersuchen, welche Methoden zur Erfassung der Kosten einzelner Dienste überhaupt in Betracht kommen. In diesem Zusammenhang stellen die Vollkosten (fully distributed costs), die inkrementellen Kosten (incremental costs) und die stand-alone Kosten die wichtigsten Kostenkonzepte in der Preissetzungsdiskussion dar. Die Unterscheidung der drei Kostenkonzepte erfolgt danach, wie sie den relevanten Dienst erfassen:[4]

---

1 Wissmann, in: Wissmann, Praxishandbuch Telekommunikationsrecht, Kapitel 13 Rdnr. 40; Etling-Ernst, Praxiskommentar zum TKG, § 25 Rdnr. 6 und 8; Geppert/Ruhle/Schuster, Handbuch Recht und Praxis der Telekommunikation, Rdnr. 404; Vogelsang, Die Zukunft der Entgeltregulierung im deutschen Telekommunikationssektor, Abschnitt 2.1.1., S. 14; vgl. auch Fangmann, Das neue Telekommunikationsgesetz, Kapitel 8.6, S. 205.

2 Moritz/Scheffelt, in: Hoeren/Sieber, Handbuch Multimedia-Recht, Teil 4 Rdnr. 117; Becker, K&R 1999, 112 (113); Gramlich, in: Heun, Handbuch Telekommunikationsrecht, Teil 3 Rdnr. 104; Etling-Ernst, Praxiskommentar zum TKG, § 25 Rdnr. 22; Wissmann, in: Wissmann, Praxishandbuch Telekommunikationsrecht, Kapitel 13 Rdnr. 78.

3 Piepenbrock, in: Beck'scher TKG-Kommentar, § 39 Rdnr. 1; Witte/Glahs, in: Scheurle/Mayen, Kommentar zum TKG, § 39 Rdnr. 22.

4 Vogelsang, Kosten des Ortsnetzes, S. II.

- Der Vollkostenansatz geht von den Kosten des Gesamtunternehmens aus und rechnet einem Dienst seine zurechenbaren Kosten direkt zu sowie darüber hinaus Gemeinkosten nach einem bestimmten Schlüssel[1].[2]
- Bei den inkrementellen Kosten eines Dienstes handelt es sich demgegenüber um die Kosten, die der Dienst zusätzlich zu den anderen Diensten des Anbieters verursacht.[3] Gemeinkosten mit anderen Diensten stellen keinen Bestandteil inkrementeller Kosten dar.[4]
- Stand-alone Kosten sind die Kosten des Dienstes für ein Einproduktunternehmen, das nur diesen Dienst anbietet.[5]

a) Vollkosten

Beim Ansatz der Vollkosten (Fully Distributed Costs) erfolgt die Berücksichtigung der gesamten Kosten eines Produkts oder einer Dienstleistung, inklusive einem nach bestimmten Schlüsseln verteilten Anteil an gemeinsamen und Gemeinkosten.[6] Im Gegensatz zum Ansatz der inkrementellen Kosten werden daher auch leistungsmengenneutrale fixe Kosten berücksichtigt.[7] Die Verteilungsschlüssel hinsichtlich der Gemeinkosten werden üblicherweise

- nach der relativen Netznutzung bzw. in Proportion zur Ausbringungsmenge jedes Dienstes bzw. Produkts (relative output method),
- proportional zu den direkt zurechenbaren Kosten (attributable cost method),
- im Verhältnis zu den relativen Umsatzanteilen der Dienste bzw. Produkte (gross revenue method),
- im Verhältnis zum relativen Nettoumsatz (net revenue method),

---

1 Witte, in: Scheurle/Mayen, Kommentar zum TKG, § 24 Rdnr. 14.

2 Spoerr, in: Trute/Spoerr/Bosch, Kommentar, TKG, § 24 Rdnr. 17; Bitz/Dellmann/Domsch/Wagner, Vahlens Kompendium der Betriebswirtschaftslehre, C. 2. 1. 3.

3 Vogelsang, Die Zukunft der Entgeltregulierung im deutschen Telekommunikationssektor, Abschnitt 1.2.3.2., S. 10; Witte, in: Scheurle/Mayen, Kommentar zum TKG, § 24 Rdnr. 15.

4 Wöhe, Einführung in die Allgemeine Betriebswirtschaftslehre, Sechster Abschnitt, C. I.

5 Witte, in: Scheurle/Mayen, Kommentar zum TKG, § 24 Rdnr. 15; Vogelsang, Die Zukunft der Entgeltregulierung im deutschen Telekommunikationssektor, Abschnitt 1.2.3.2., S. 10.

6 Bitz/Dellmann/Domsch/Wagner, Vahlens Kompendium der Betriebswirtschaftslehre, C. 2. 1. 3.

7 Zimmermann, Grundzüge der Kostenrechnung, 1.2.2.5.

- im Verhältnis zu in einer Planperiode erwarteten (forward looking) relativen Umsatzanteilen der Dienste bzw. Produkte

festgelegt.[1]

Hinsichtlich des Vollkostenansatzes ist demzufolge anzumerken, dass es auf Grund mangelnder Verursachungsgerechtigkeit[2] und Transparenz der Verteilung von gemeinsamen Kosten und Gemeinkosten zu ungerechtfertigten Zurechnungen auf Produkte oder Dienstleistungen kommen kann, die stärker im Wettbewerb stehen als andere. Im Prinzip besteht somit die Möglichkeit, durch die Gestaltung der Zurechnungsschlüssel die Kosten bzw. die Preise der Produkte in einer großen Bandbreite zu variieren.

Sofern der Vollkostenansatz die historischen Anschaffungskosten, die traditionell die Basis der Kostenrechnung der Telekommunikationsunternehmen bilden, zugrunde legt, fließen darüber hinaus eventuell bestehende Ineffizienzen in die Berechnung der Preise ein.[3] Solche Ineffizienzen könnten beispielsweise darauf beruhen, dass einerseits die Beschaffung der Netze etablierter Betreiber zu Zeiten erfolgte, in denen die Einführung des Wettbewerbs noch nicht absehbar war und andererseits die Netzausbaustrategie insoweit der Beeinflussung unterlag, als dass der Anschluss auch dünnbesiedelter Gebiete dem politischen Willen entsprach. Derartige Ineffizienzen wären dann von neu eintretenden Anbietern in Form von höheren Zusammenschaltungsentgelten zu tragen.[4]

b) Inkrementelle Kosten

Im Gegensatz dazu steht der Ansatz der inkrementellen Kosten, der in unterschiedlicher Ausprägung Eingang in die im Rahmen der Regulierung der Zusammenschaltungsentgelte verwandten Kostenstandards gefunden hat.[5] Die EU-Kommission präferiert insoweit den Ansatz der Forward Looking Long Run Average Incremental Costs (FL-LRAIC)[6], mittels dessen man versucht die Kosten eines effizienten Netzbetreibers zu berechnen, die für die Bereitstellung eines bestimmten Dienstes erforderlich sind. Mit FL-LRAIC erfolgt damit die Berech-

---

1 Belfin/Lukanowicz, Positionspapier zum Ansatz der Forward Looking Long Run Incremental Costs, S. 8.

2 Wöhe, Einführung in die Allgemeine Betriebswirtschaftslehre, Sechster Abschnitt, C. I.

3 Vgl. Marschall, Interconnection, 3. Kapitel B. IV. 1. c) aa), S. 168.

4 Belfin/Lukanowicz, Positionspapier zum Ansatz der Forward Looking Long Run Incremental Costs, S. 8.

5 Vgl. im Einzelnen die folgende Darstellung unter C.I.3.

6 Empfehlung 98/195/EG, ABl. EG Nr. L 73 vom 12.03.1998, 42 und vgl. im Einzelnen die folgende Darstellung unter C.I.2.

nung der Kosten, die einem effizienten Unternehmen durch das Anbieten eines bestimmten Dienstes oder Produktes entstehen.

Denn in einem Wettbewerbsmarkt besteht keine Abhängigkeit des Wertes einer Investition von den ursprünglichen Anschaffungskosten, sondern von den zukünftigen Erträgen, die mit dieser Investition erzielt werden können. Im Wettbewerb ist es dem Anbieter oft nicht möglich, den Preis für jedes Produkt so festzulegen, dass die gesamten Anschaffungskosten gedeckt werden, da sich der Anbieter an den Marktpreisen orientieren muss, die oft weit unter den Anschaffungskosten liegen können. Demzufolge wird sich ein Anbieter nicht an den historischen Kosten orientieren, da er den Großteil seiner Investitionen überhaupt nicht bzw. nur mit großen Einbußen rückgängig machen kann. Vielmehr werden die Anbieter in die Marktpreise die Kosten einkalkulieren, die für eine zukünftige Substanzerhaltung des Unternehmens notwendig sind.[1] Das bedeutet, dass das Unternehmen auch das zukünftige Angebot entsprechend der zu erwartenden Nachfrage effizient bereitzustellen beabsichtigt.[2] Daher stellen sich für die Berechnung die Kosten als relevant dar, die durch die Erhaltung der Produktionskapazität entstehen. Um eine möglichst starke Position im Wettbewerb zu haben, setzte der Anbieter in Zukunft die ökonomisch effizienteste Technologie bzw. die effizienteste Netztopologie ein. Die Wiederbeschaffungswerte dieser zur Leistungserbringung notwendigen Ausstattung bilden die Basis für die Berechnung der FL-LRAIC.[3]

Mit diesem Ansatz wird der Versuch unternommen, eine Wettbewerbssituation zu simulieren und somit Preise, die sich erst später in diesem Markt etablierten, vorwegzunehmen.[4] Im Gegensatz zum Vollkostenansatz erfolgt bei Incremental Costs nur die Berücksichtigung der durch das Produkt bzw. die Dienstleistung direkt und indirekt verursachten Kosten zu Wiederbeschaffungswerten. Demgemäß werden ausschließlich die Kosten einberechnet, die sich für das Anbieten des jeweiligen Produktes bzw. für die Dienstleistung als unvermeidbar darstellen.[5] Darüber hinaus bildet die Vorgehensweise, dass sämtliche Kosten verursachungsgerecht den Kostenträgern zugerechnet werden und damit eine Mi-

1 Marschall, Interconnection, 3. Kapitel B. IV. 1. c) aa), S. 168.

2 Vgl. zur Effizienz Becker, K&R 1999, 112 (114) und Schütz/Müller, MMR 1999, 128 (132 f.).

3 Vgl. Wissenschaftliches Institut für Kommunikationsdienste GmbH, Referenzdokument "Ein analytisches Kostenmodell für das Ortsnetz" vom 04.03.1998, Ziffer 2.2.3.1, S. 12 i.V.m. Referenzdokument 2.0 "Analytisches Kostenmodell Anschlussnetz" vom 08.11.2000, Ziffer 4.1, S. 25.

4 Belfin/Lukanowicz, Positionspapier zum Ansatz der Forward Looking Long Run Incremental Costs, S. 9.

5 Wöhe, Einführung in die Allgemeine Betriebswirtschaftslehre, Sechster Abschnitt, C. I.

nimierung des Blocks der gemeinsamen und Gemeinkosten erfolgt, ein weiteres wesentliches Element des FL-LRAIC-Ansatzes. Demnach werden willkürliche Kostenzurechnungen weitestgehend vermieden.[1]

2. *Europarechtliche Vorgaben*

Von Bedeutung ist insoweit auch, welche europarechtlichen Vorgaben für die Anwendung bestimmter Kostenmodelle zur Überprüfung von Entgelten regulierter Anbieter von Telekommunikationsdienstleistungen bestehen. In diesem Zusammenhang ist jedoch festzustellen, dass das Recht der Europäischen Union diesbezüglich keine verbindliche Regelung vorsieht. Die einschlägigen Richtlinien von Rat und Kommission fordern zwar durchweg Kostenorientierung der Entgelte für bestimmte Telekommunikations- bzw. Netzzugangsleistungen, die Vorgabe einer bestimmten Kostenrechnungsmethode ist damit aber nicht verbunden.[2]

So verlangt die Richtlinie der EU-Kommission zur Einführung vollständigen Wettbewerbs auf den Telekommunikationsmärkten[3] von den Mitgliedstaaten in Art. 4 a Abs. 4 lediglich, sicherzustellen, dass das von den betroffenen Telekommunikationsunternehmen eingeführte Kostenrechnungssystem die Feststellung der für die Preisgestaltung bei Zusammenschaltungsangeboten erheblichen Kostenelemente ermöglicht. Die ONP-Rahmenrichtlinie[4] wiederum bestimmt in Anhang I Ziffer 3, dass bei allen Tarifen für den Zugang zu Netzressourcen oder Diensten das Prinzip der angemessenen Umlegung der Gesamtkosten für die genutzten Ressourcen sowie die notwendige Investitionsrendite gemäß der Richtlinie über die Zusammenschaltung zu berücksichtigen sind. Des Weiteren haben

---

1 Belfin/Lukanowicz, Positionspapier zum Ansatz der Forward Looking Long Run Incremental Costs, S. 9.

2 Vgl. Doll/Wieck, Analytische Kostenmodelle als Grundlage für Entgeltregulierungsentscheidungen, MMR 1998, 280 (283).

3 Richtlinie 96/19/EG vom 13.03.1996 zur Änderung der Richtlinie 90/388/EWG hinsichtlich der Einführung des vollständigen Wettbewerbs auf den Telekommunikationsmärkten, ABl. EG Nr. L 74/13 vom 22.03.1996.

4 Richtlinie 90/387/EWG des Rates zur Verwirklichung des Binnenmarktes für Telekommunikationsdienste durch Einführung eines offenen Netzzugangs (Open Network Provision – ONP) vom 28.06.1990, ABl. EG Nr. L 192/1 vom 24.07.1990, geändert durch Richtlinie 97/51/EG des Europäischen Parlaments und des Rates vom 06.10.1997 zur Änderung der Richtlinien 90/387/EWG und 92/44/EWG des Rates zwecks Anpassung an ein wettbewerbsorientiertes Telekommunikationsumfeld, ABl. EG Nr. L 295/23 vom 29.10.1997.

die Mitgliedstaaten gemäß Art. 10 Abs. 2 der ONP-Mietleitungsrichtlinie[1] sicherzustellen, dass die betroffenen Telekommunikationsunternehmen ein geeignetes Kostenrechnungssystem aufbauen, das die direkten Kosten für Aufbau, Betrieb, Vermarktung sowie Abrechnung von Mietleitungen umfasst und bestimmten Vorgaben für die Zuschlüsselung von Gemeinkosten folgt. Vergleichbare Vorgaben für das Kostenrechnungssystem beinhaltet auch Art. 18 Abs. 3 der ONP-Sprachtelefondienstrichtlinie[2], allerdings beschränkt auf Anbieter mit besonderen oder ausschließlichen Rechten. Im Übrigen bestimmt die ONP-Sprachtelefondienstrichtlinie in Art. 18 Abs. 2 – ebenso wie die ONP-Zusammenschaltungsrichtlinie[3] in Art. 7 Abs. 5 – lediglich, dass aus dem Kostenrechnungssystem die Hauptkostenkategorien und die Zurechnung der Kosten auf den Sprachtelefondienst – bzw. die Zusammenschaltung – hervorgehen. Des Weiteren sieht Art. 8 Abs. 2 der ONP-Zusammenschaltungsrichtlinie eine getrennte Buchführung für Tätigkeiten im Rahmen der Zusammenschaltung einerseits und für die übrigen Tätigkeiten andererseits vor, so dass alle Faktoren der Kosten und Einnahmen mit den detaillierten Zurechnungsverfahren im Zusammenhang mit der Zusammenschaltungstätigkeit, einschließlich einer detaillierten Aufschlüsselung des Anlagevermögens und der strukturellen Kosten, offengelegt werden. Die Konkretisierung der durch Art. 7 Abs. 5 der ONP-Zusammenschaltungsrichtlinie gestellten Anforderung an hinreichende Detaillierung der Kostenrechnungssysteme erfolgt in Anhang V der Richtlinie. Aus dem Anhang ist eindeutig abzuleiten, dass die Richtlinie lediglich eine Offenlegung der angewandten Kostenrechnung hinsichtlich Kostenstandard, Kostenelementen, Kostenzurechnung und Buchführungsvereinbarungen fordert. Als Beispiele für Kostenstandards führt die Richtlinie Vollkosten, langfristige durchschnittliche zusätzliche Kosten, Grenzkosten, stand-alone-Kosten, eingeschlossene direkte Kosten etc. an. Umgekehrt kann daraus geschlossen werden, dass die Richtlinie keine

1 Richtlinie 92/44/EWG des Rates zur Einführung des offenen Netzzugangs bei Mietleitungen vom 05.06.1992, ABl. EG Nr. L 165/27 vom 19.06.1992, geändert durch o.g. Richtlinie 97/51/EG und durch Entscheidung 98/80/EG der Kommission vom 07.01.1998, ABl. EG Nr. L 14/27 vom 20.01.1998.

2 Richtlinie 98/10/EG des Europäischen Parlaments und des Rates vom 26.02.1998 über die Anwendung des offenen Netzzugangs (ONP) beim Sprachtelefondienst und den Universaldienst im Telekommunikationsbereich in einem wettbewerbsorientierten Umfeld, ABl. EG Nr. L 101/24 vom 01.04.1998.

3 Richtlinie 97/33/EG des Europäischen Parlaments und des Rates vom 30.06.1997 über die Zusammenschaltung in der Telekommunikation im Hinblick auf die Sicherstellung eines Universaldienstes und der Interoperabilität durch Anwendung der Grundsätze für einen offenen Netzzugang (ONP), ABl. EG Nr. L 199/32 vom 26.07.1997, geändert durch Richtlinie 98/61/EG des Europäischen Parlaments und des Rates vom 24.09.1998, ABl. EG Nr. L 268/37 vom 03.10.1998.

spezifischen Vorgaben in dieser Richtung beinhaltet, d.h. jeder der genannten Kostenstandards zulässig ist.[1]

Das Recht der Europäischen Union enthält damit grundsätzlich Vorgaben für Kostenrechnungssysteme der betroffenen Telekommunikationsunternehmen im Hinblick auf Grad und Nachvollziehbarkeit der Zurechnung von Kosten für die Bereitstellung einzelner Dienstleistungen.[2] Eine Ausnahme resultiert insoweit jedoch aus Art. 7 Abs. 5 der ONP-Zusammenschaltungsrichtlinie, nach dessen Maßgabe die EU-Kommission Empfehlungen für die Kostenrechnungssysteme und die Transparenz der Kostenrechnung im Bereich der Zusammenschaltung erstellt.[3]

Die in diesem Zusammenhang von der Kommission abgegebene Empfehlung vom 8. Januar 1998 zur Zusammenschaltung in einem liberalisierten Telekommunikationsmarkt (Teil 1 – Zusammenschaltungsentgelte) (Text von Bedeutung für den EWR) (Empfehlung 98/195/EG)[4] betrifft dabei die Zusammenschaltung von Telekommunikationsnetzen und insbesondere die Festsetzung der Entgelte für die Anrufzustellung in den Netzen von gemeldeten Betreibern. Nach der Empfehlung 98/195/EG ist die Kommission der Auffassung, dass die Entgelte für die Zusammenschaltung am geeignetsten auf der Grundlage der zukunftsrelevanten langfristigen durchschnittlichen zusätzlichen Kosten zu ermitteln sind, da diese Kosten denen eines effizienten Betreibers, der moderne Technologien einsetzt, sehr nahe kommen. Ein solcher Ansatz schließt die Anwendung berechtigter Zuschläge zur Deckung der zukunftsrelevanten Gemeinkosten eines effizienten Betreibers, die unter Wettbewerbsbedingungen entstehen, nicht aus. Die Ermittlung von Zusammenschaltungsentgelten auf der Grundlage zukunftsrelevanter langfristiger durchschnittlicher zusätzlicher Kosten setzt dabei ein Kostenrechnungssystem voraus, das auf Wiederbeschaffungskosten statt auf Anschaffungs-/Herstellungskosten beruht.

Bis Zusammenschaltungsentgelte auf der Grundlage zukunftsrelevanter langfristiger durchschnittlicher zusätzlicher Kosten erhoben werden, sei es angebracht, internationale Vergleiche von Zusammenschaltungsentgelten zu veröffentlichen, die den nationalen Regulierungsbehörden dabei helfen sollen, eine kostenorientierte Zusammenschaltung mit den Netzen der gemeldeten Betreiber

---

1 Doll/Wieck, Analytische Kostenmodelle als Grundlage für Entgeltregulierungsentscheidungen, MMR 1998, 280 (283 f.).

2 Geppert/Ruhle/Schuster, Handbuch Recht und Praxis der Telekommunikation, Rdnr. 1566.

3 Doll/Wieck, Analytische Kostenmodelle als Grundlage für Entgeltregulierungsentscheidungen, MMR 1998, 280 (284).

4 ABl. EG Nr. L 73 vom 12.03.1998, 42.

zu gewährleisten.[1] Die Kommission gab in ihrer Empfehlung demzufolge bestimmte Entgeltspannen auf der Grundlage der "besten gegenwärtigen Praxis" als Obergrenze für die Zusammenschaltungsentgelte ab dem 1. Januar 1998 bekannt.[2] Dieser "best current practice"-Methode lag der Durchschnitt der drei EU-Staaten mit den günstigsten Zusammenschaltungstarifen zugrunde.[3] Die Aktualisierung der Entgeltspannen ab dem 1. Januar 1999 erfolgte mit der Empfehlung 98/511/EG[4] und ab dem 1. Januar 2000 mit der Empfehlung 2000/263/EG[5]. Mit der Empfehlung 2002/175/EG[6] befand die Kommission, dass es ab dem 1. Januar 2002 nicht mehr notwendig sei, sich auf die aktualisierten Preise gemäß der ursprünglich in der Empfehlung 98/195/EG genannten "besten gegenwärtigen Praxis" zu beziehen, da sich die Zusammenschaltungsentgelte in der Gemeinschaft dem Niveau der von der Kommission veröffentlichten empfohlenen Preise gemäß der "besten gegenwärtigen Praxis" annäherten.

Letztendlich ist jedoch zu berücksichtigen, dass es sich bei der Empfehlung der EU-Kommission gemäß Art. 249 EGV nicht um eine rechtlich verbindliche Vorschrift handelt. Demnach können sich die nationalen Regulierungsbehörden insoweit bei der Einführung bestimmter Kostenrechnungsmodelle also nicht auf eine verbindliche Vorgabe des Gemeinschaftsrechts berufen.[7]

---

1 ABl. EG Nr. L 73 vom 12.03.1998, 42 ff.

2 Marschall, Interconnection, 3. Kapitel B. IV. 1. c) bb) (2); Geppert/Ruhle/Schuster, Handbuch Recht und Praxis der Telekommunikation, Rdnr. 1526; zu internationalen Vergleichen im Einzelnen Neumann, in: Picot, Das Telekommunikationsgesetz auf dem Prüfstand, Kapitel 7, S. 81 ff.

3 Freund/Ruhle, Die Praxis der Regulierung von Terminierungsentgelten in der Telekommunikation, CR 2002, 567 (569 ff.).

4 Empfehlung der Kommission vom 29. Juli 1998 zur Änderung der Empfehlung 98/195/EG zur Zusammenschaltung in einem liberalisierten Telekommunikationsmarkt (Teil 1 – Zusammenschaltungsentgelte) (Text von Bedeutung für den EWR), ABl. EG Nr. L 228 vom 15.08.1998, 30.

5 Empfehlung der Kommission vom 20. März 2000 zur Änderung der Empfehlung 98/511/EG zur Zusammenschaltung in einem liberalisierten Telekommunikationsmarkt (Teil 1 – Zusammenschaltungsentgelte) (Text von Bedeutung für den EWR), ABl. EG Nr. L 83 vom 04.04.2000, 30.

6 Empfehlung der Kommission vom 22. Februar 2002 zur Änderung der Empfehlung 98/195/EG, zuletzt geändert durch die Empfehlung 2000/263/EG, zur Zusammenschaltung in einem liberalisierten Telekommunikationsmarkt (Teil 1 - Zusammenschaltungsentgelte) (Text von Bedeutung für den EWR), ABl. EG Nr. L 58 vom 28.02.2002, 56.

7 Vgl. Doll/Wieck, Analytische Kostenmodelle als Grundlage für Entgeltregulierungsentscheidungen, MMR 1998, 280 (284).

3. Rechtsvergleich

Demnach stellt sich die Frage, welche Kostenrechnungsmethoden zur Überprüfung von Entgelten regulierter Anbieter von Telekommunikationsdienstleistungen im internationalen Vergleich tatsächlich zur Anwendung gelangen. Aus der Mehrzahl der genehmigungspflichtigen Entgelte bietet sich als exemplarischer Untersuchungsgegenstand die Ermittlung der Entgelte für die Zusammenschaltung an, da lediglich insoweit eine Empfehlung der EU-Kommission[1] hinsichtlich der Kostenrechnung existiert und infolgedessen von einer relativen Vergleichbarkeit ausgegangen werden kann.

In diesem Zusammenhang ist einerseits zu prüfen, ob die Mitgliedstaaten der Europäischen Union bei der Regulierung von Zusammenschaltungsentgelten der Empfehlung 98/195/EG folgen. Demgegenüber ist andererseits untersuchenswert, welche Kostenrechnungsmethode europäische Staaten außerhalb der Europäischen Union und außereuropäische Staaten diesbezüglich zugrunde legen.

a) Großbritannien

aa) Entwicklung des Telekommunikationsrechts

Großbritannien hat sehr früh die Anforderungen der Europäischen Union für die Liberalisierung des Marktes ab 1998 erfüllt.[2] Bereits 1984 ist die nationale Gesellschaft British Telecom (BT) auf der Grundlage des im April desselben Jahres verabschiedeten Telecommunications Act privatisiert und gleichzeitig ein, wenn auch limitierter, Wettbewerb eingeführt worden, indem das Unternehmen Mercury Communications 1982 als zweiter Anbieter die Zulassung erhielt und 1984 den Betrieb aufnahm.[3] Auf Grund der zu erwartenden Anlaufprobleme für einen zweiten Betreiber garantierte man eine Duopolzeit von sieben Jahren.[4] Aus historischen Gründen existiert mit dem Unternehmen Kingston Communications ein weiterer Anbieter, der ausschließlich in der Stadt Kingston-upon-Hull tätig ist.[5]

---

1 Empfehlung 98/195/EG der Kommission vom 8. Januar 1998 zur Zusammenschaltung in einem liberalisierten Telekommunikationsmarkt (Teil 1 – Zusammenschaltungsentgelte) (Text von Bedeutung für den EWR), ABl. EG Nr. L 73 vom 12.03.1998, 42.

2 Geppert/Ruhle/Schuster, Handbuch Recht und Praxis der Telekommunikation, Rdnr. 1481.

3 Strivens/McKean, MMR-Beilage 8/1999, 3 (3); Humpert, Regulierung des Telekommunikationsmarkts in Großbritannien, K&R 1999, 457 (457).

4 Vgl. Bock, Die Regulierung der britischen Telekommunikationsmärkte, S. 81 ff.

5 Geppert/Ruhle/Schuster, Handbuch Recht und Praxis der Telekommunikation, Rdnr. 1481.

Nach 1991 erfolgte dann die Aufgabe der Duopolpolitik zugunsten eines wesentlich liberaleren Regimes, das die Vergabe von Lizenzen für weitere Anbieter im Bereich der nationalen und internationalen Telekommunikation bedingte.[1]

Die Steuerung und Überwachung des Prozesses der Markt- und Wettbewerbsentwicklung obliegt der Regulierungsbehörde Oftel (Office of Telecommunications).[2] Insoweit interpretiert Oftel den Inhalt des Telekommunikationsgesetzes und setzt ihn um.[3] Ein spezifisches Ministerium für Telekommunikation existiert daneben nicht. Vielmehr werden Telekommunikationsfragen grundlegend im Handelsministerium (Department of Trade and Industry) behandelt.[4] Daneben kommt den allgemeinen Wettbewerbsbehörden, dem Office of Fair Trading und der Competition Commission besondere Bedeutung zu.[5]

bb) Kostenmethodologie

In Großbritannien erfahren die Zusammenschaltungstarife von British Telecom eine detaillierte Regulierung.[6] Oftel legte im Frühjahr 1997 ein Consultative Document[7] für die Interconnect-Tarife von British Telecom für die Periode bis 2001 vor. Danach erfolgte insoweit eine Lockerung der für die Jahre 1995/1996 und 1996/1997 vorgeschriebenen Absenkung der Zusammenschaltungstarife um je 20 %, als für 1997/1998 lediglich eine Reduktion von weiteren 10 % vorgeschlagen wurde. Im Anschluss daran sollte eine Price-Cap-Regulierung gemäß der Formel "Verbraucherpreisindex – X %" folgen. In diesem Zusammenhang gab Oftel für das "X" zunächst einen Bandbreitenwert von 6 bis 12 % an, der schließlich im Sommer 1997 eine Konkretisierung auf 8 % erfuhr.[8] Hinsichtlich der Regulierung der Zusammenschaltungsentgelte für die Periode ab 2001 hat

1 Vgl. Bock, Die Regulierung der britischen Telekommunikationsmärkte, S. 81 ff.
2 Humpert, Die Regulierungsbehörde im britischen Telekommunikationsrecht, 3. Teil, Kapitel B.; Geppert/Ruhle/Schuster, Handbuch Recht und Praxis der Telekommunikation, Rdnr. 1481 f.
3 Vgl. Webseite von Oftel <http://www.oftel.gov.uk>.
4 Humpert, Regulierung des Telekommunikationsmarkts in Großbritannien, K&R 1999, 457 (457 ff.).
5 Schneider, ZHR 164 (2000), 513 (527 f.).
6 Humpert, Die Regulierungsbehörde im britischen Telekommunikationsrecht, 3. Teil, Kapitel B. VIII.
7 Oftel, Network Charges from 1997 – Consultative Document (5/97), verfügbar unter <http://www.oftel.gov.uk/publications/1995_98/pricing/ncctitle.htm>.
8 Oftel, Network Charges from 1997 – Statement (7/97), verfügbar unter <http://www.oftel.gov.uk/publications/1995_98/pricing/ncct797.htm>.

Oftel im Oktober 2000 ein weiteres Consultative Document[1] veröffentlicht und im Februar 2001 entsprechende Tarifberechnungsmethoden[2] vorgeschlagen.

Bezüglich der im Rahmen der Entgeltregulierung verwandten Kostenmethodologie hat ein Wechsel sowohl des Kostenstandards als auch der Kostenbasis stattgefunden. Die Berechnung der Zusammenschaltungsentgelte erfolgte dabei zunächst auf der Basis historischer[3] Vollkosten und seit Oktober 1997 auf der Grundlage zukunftsgerichteter[4] long run incremental costs (LRIC).[5]

b) Frankreich

aa) Entwicklung des Telekommunikationsrechts

Bei Frankreich handelt es sich um einen Staat, der die Reformen im Bereich der Telekommunikation sehr spät eingeleitet hat, dafür aber dann mit einer sehr hohen Geschwindigkeit voranschritt.[6] Der staatliche Betreiber France Télécom dominierte den Telekommunikationsmarkt bis weit in die 90er Jahre hinein. Eine wirklich unabhängige Regulierung durch die beim Ministerium angesiedelte Direction Générale des Postes et des Télécommunications (DGPT), die über wesentliche Regulierungsfunktionen verfügte, erfolgte nicht.[7]

Eine Änderung trat erst mit der Verabschiedung des neuen Telekommunikationsgesetzes (Loi de réglementation des télécommunications) 1996 ein.[8] Bereits kurz danach im Sommer 1996 ist die neue Regulierungsbehörde ART (Autorité de Régulation des Télécommunications) anstelle der DGPT zum 1. Januar 1997 etabliert worden.[9] Die Regulierungsbehörde ART trifft ihre Entscheidungen un-

---

1 Oftel, Price Control Review - Consultative Document (10/2000), verfügbar unter <http://www.oftel.gov.uk/publications/pricing/pcr1000.htm>.

2 Oftel, Proposals for Network Charge and Retail Price Controls from 2001 (2/2001), verfügbar unter <http://www.oftel.gov.uk/publications/pricing/pcr0101.htm>.

3 Die Bewertung des Anlagevermögens erfolgt mit den ursprünglichen Anschaffungspreisen.

4 Die Bewertung des Anlagevermögens erfolgt mit zukünftigen (forward looking) Preisen.

5 Instruktiv Oftel, The Methodology to Calculate Long Run Incremental Costs; Humpert, Die Regulierungsbehörde im britischen Telekommunikationsrecht, 3. Teil, Kapitel B. VIII. 7) b) Exkurs.

6 Geppert/Ruhle/Schuster, Handbuch Recht und Praxis der Telekommunikation, Rdnr. 1489.

7 Kühling/Pfromm, K&R 2000, 541 (542 ff.).

8 Bricard/Urvoaz/Cabanes, MMR-Beilage 8/1999, 14 (14); Dupuis-Toubol/Jouyet, Archiv PT 1998, 132 (132 ff.).

9 Kühling/Pfromm, K&R 2000, 541 (542).

abhängig; diese unterliegen keinem Vorbehalt des Ministers.[1] Daneben bleibt aber das Ministerium für Wirtschaft, Finanzen und Industrie insbesondere in den Bereichen der formellen Lizenzvergabe und der Überwachung von France Télécom mit Regulierungsaufgaben betraut.[2]

bb) Kostenmethodologie

Bezüglich der Zusammenschaltungstarife hat die Regulierungsbehörde ART bereits wenige Monate nach ihrer Gründung eine auch international stark beachtete Entscheidung getroffen. Im April 1997 legte sie die Zusammenschaltungstarife für France Télécom fest, die sich für einen am Beginn des Wettbewerbs stehenden Markt auch unter Berücksichtigung eines Zusatzentgeltes für die Kosten des Universaldienstes als beachtlich niedrig erwiesen. Hintergrund der Entscheidung war, Verzögerungen durch langwierige Verhandlungen über den Preis solcher Leistungen zu vermeiden.

Im August 1997 erging die Entscheidung der Regulierungsbehörde ART über spezielle Zusammenschaltungstarife bezüglich der Diensteanbieter mit einer geringen eigenen Infrastruktur, für die höhere Tarife für die Zusammenschaltung festgesetzt worden sind. Auch in den Folgejahren hat Frankreich eine Politik der Förderung des Aufbaus alternativer Infrastrukturen betrieben, da sich die Zusammenschaltungstarife im internationalen Vergleich zwar als eher niedrig darstellen, aber Vorgaben hinsichtlich der Anzahl der Zusammenschaltungspunkte bestehen, die für die Inanspruchnahme der niedrigen Zusammenschaltungstarife notwendig sind.[3]

Hinsichtlich der der Entgeltregulierung zugrunde gelegten Kostenrechnungsmethode ist anzumerken, dass sich die Zusammenschaltungstarife der Netzbetreiber gemäß Artikel L. 34-8-II Loi de réglementation des télécommunications an den Kosten zu orientieren sowie die tatsächliche Nutzung des Netzes widerzuspiegeln haben. Des Weiteren erfolgt die Festlegung der Zusammenschaltungstarife für France Télécom auf der Basis langfristiger inkrementeller Kosten (LRIC).[4]

---

1 Dupuis-Toubol/Jouyet, Archiv PT 1998, 132 (140 ff.).

2 Geppert/Ruhle/Schuster, Handbuch Recht und Praxis der Telekommunikation, Rdnr. 1489, 1491.

3 Geppert/Ruhle/Schuster, Handbuch Recht und Praxis der Telekommunikation, Rdnr. 1490.

4 Dupuis-Toubol/Jouyet, Archiv PT 1998, 132 (138 f.).

c) Österreich

aa) Entwicklung des Telekommunikationsrechts

In Österreich traten im Rahmen des Verfahrens der Gesetzgebung Verzögerungen auf.[1] Das Telekommunikationsgesetz, das die Grundlage für den Wettbewerb ab 1998 legt, konnte somit erst am 10. Juli 1997 verabschiedet werden und zum 1. August 1997 in Kraft treten.[2]

Hinsichtlich der Regulierungsaufgaben erfolgte insoweit eine Aufteilung unter einer Vielzahl von Institutionen.[3] Dabei handelt es sich einerseits um das Bundesministerium für Verkehr, Innovation und Technologie, das zugleich als Oberste Fernmeldebehörde agiert[4], die der Obersten Fernmeldebehörde zugeordneten Fernmeldebüros sowie das Büro für Funkanlagen und Telekommunikationseinrichtungen und andererseits um die Telecom-Control GmbH, die mit dem KommAustria Gesetz in die Rundfunk- und Telekom Regulierungs-GmbH überführt worden ist[5], die Telecom-Control-Kommission[6] sowie die KommAustria, woraus eine relativ komplexe Regelung des Zuständigkeits- und Verantwortungsbereichs für einzelne regulatorische Fragen resultiert.[7]

bb) Kostenmethodologie

Auch in Österreich unterliegen die Zusammenschaltungsentgelte einer detaillierten Regulierung.[8] Gemäß § 45 Abs. 1 des Österreichischen Telekommunikati-

1 Geppert/Ruhle/Schuster, Handbuch Recht und Praxis der Telekommunikation, Rdnr. 877.
2 Gebhardt/Vartian, MMR 1999, 153 (153 f.); Hoenig/Kresbach/Jacob, K&R 1998, 187 (187).
3 Geppert/Ruhle/Schuster, Handbuch Recht und Praxis der Telekommunikation, Rdnr. 894; Freund/Ruhle, Neuorganisation der Regulierung für Telekommunikation und Medien in Österreich, MMR 2001, 801 (801).
4 Freund/Ruhle, Neuorganisation der Regulierung für Telekommunikation und Medien in Österreich, MMR 2001, 801 (801 f.).
5 Günther, K&R 2002, 241 (241); Freund/Ruhle, Neuorganisation der Regulierung für Telekommunikation und Medien in Österreich, MMR 2001, 801 (802 f.).
6 Freund/Ruhle, Neuorganisation der Regulierung für Telekommunikation und Medien in Österreich, MMR 2001, 801 (802).
7 Fuchs, S. 48 ff.; Geppert/Ruhle/Schuster, Handbuch Recht und Praxis der Telekommunikation, Rdnr. 895 ff.; Freund/Ruhle, Neuorganisation der Regulierung für Telekommunikation und Medien in Österreich, MMR 2001, 801 (801) und ausführlich unter <http://www.rtr.at>.
8 Vgl. Gebhardt/Vartian, MMR 1999, 153 (154).

onsgesetzes vom 1. August 1997[1] in der Fassung vom 1. Januar 2002[2] sind Anbieter von öffentlichen Telekommunikationsdienstleistungen, die auf einem Markt der Telekommunikation eine marktbeherrschende Stellung innehaben, verpflichtet, ein Kostenrechnungssystem im Einklang mit den ONP-Richtlinien zu betreiben, das die Zuordnung von Kosten und Kostenelementen auf alle Dienste und Diensteelemente vorsieht und eine nachträgliche Überprüfung erlaubt.[3]

Dementsprechend regelt § 8 der Verordnung des Bundesministers für Wissenschaft und Verkehr zur näheren Bestimmung der Zusammenschaltung (Zusammenschaltungsverordnung)[4], dass Zusammenschaltungsentgelte den Grundsätzen der Transparenz und Kostenorientierung unterliegen[5] und auf der Grundlage der Kostenrechnungssysteme gemäß § 9 zu erstellen sind. Zusammenschaltungsentgelte können dabei nach den Grundsätzen der Verhältnismäßigkeit einen angemessenen Anteil an gemeinsamen Kosten, Gemeinkosten und den Kosten beinhalten, die durch die Gewährung eines gleichwertigen Zugangs und die Übertragbarkeit von Nummern sowie die Erfüllung grundlegender Anforderungen entstehen. Nach Maßgabe des § 9 der Zusammenschaltungsverordnung sind die Kostenrechnungssysteme von marktbeherrschenden Betreibern von öffentlichen Telekommunikationsnetzen und/oder für die Öffentlichkeit zugänglichen Telekommunikationsdiensten wiederum auf Basis der zukunftsorientierten langfristigen durchschnittlichen zusätzlichen Kosten (forward-looking long run average incremental costs) entsprechend der aktivitätsorientierten Kostenrechnung zu gestalten.[6]

d) Schweiz

aa) Entwicklung des Telekommunikationsrechts

Der Analyse der telekommunikationsrechtlichen Rahmenbedingungen in der Schweiz kommt insofern besondere Bedeutung zu, als das Land außerhalb der Europäischen Union steht und somit deren Anforderungen formell nicht zu erfüllen hat. Nichtsdestoweniger kann sich die Schweiz den internationalen Entwicklungen nicht entziehen und hat daher auch eine grundlegende Reform des

1 BGBl. I Nr. 100/1997.
2 BGBl. I Nr. 34/2001.
3 Vgl. Glas/Vartian, § 45 Österreichisches Telekommunikationsgesetz.
4 BGBl. II Nr. 14/1998.
5 Vgl. insoweit Hoenig/Kresbach/Jacob, K&R 1998, 187 (194).
6 Vgl. insoweit Hoenig/Kresbach/Jacob, K&R 1998, 187 (194).

Telekommunikationssektors vollzogen, deren Einleitung im internationalen Vergleich aber sehr spät erfolgte.[1]

Das neue Fernmeldegesetz (FMG)[2], das zum 1. Januar 1998 in Kraft trat, führte den Endgerätemarkt, die Erbringung von Mehrwertdiensten, den Sprachtelefoniemarkt und die Infrastrukturleistungen (z.B. Netze) in eine Wettbewerbsordnung über.[3] Voraussetzung für eine derart umfassende Liberalisierung war die Sicherstellung einer flächendeckenden Grundversorgung mit Fernmeldedienstleistungen. Demgemäß strebt das FMG die Sicherstellung eines vielfältigen, preiswerten und qualitativ hochstehenden Angebots an Fernmeldediensten für Bevölkerung und Wirtschaft an.[4] Dabei stellt das FMG ein Marktgesetz mit einem Konzessionssystem dar, d.h. es besteht ein Anspruch auf Erteilung einer Konzession, soweit die Anzahl der Marktteilnehmer aus technischen Gründen nicht beschränkt ist.

Der Vollzug des FMG obliegt im Wesentlichen dem Bundesamt für Kommunikation (BAKOM)[5]. Darüber hinaus werden vom Gesetz ausdrücklich genannte Sachfragen von der politisch unabhängigen Kommunikationskommission (ComCom) entschieden.[6]

bb) Kostenmethodologie

Die Interkonnektion der Netze bildet eines der Hauptinstrumente für die Liberalisierung des Fernmeldemarktes.[7] Solange bis eine genügend große Konkurrenz vorhanden ist, damit der Telekommunikationsmarkt allein auf Basis der Wettbewerbsmechanismen funktionieren kann, veranlasst oder verpflichtet das BAKOM die verschiedenen Betreiber auf dem schweizerischen Markt anhand einer Reihe von gesetzlich vorgesehenen Regulierungsmaßnahmen zur Bereitstellung der Interkonnektion.[8]

---

1 Geppert/Ruhle/Schuster, Handbuch Recht und Praxis der Telekommunikation, Rdnr. 1208.
2 SR 784.10.
3 Gurovits/Jetzer/Schmid Ding, Das schweizerische Telekommunikationsrecht, Einleitung, Kapitel 1, S. 6.
4 Gurovits/Jetzer/Schmid Ding, Das schweizerische Telekommunikationsrecht, Einleitung, Kapitel 4.3, S. 14; Sidler, K&R 2002, 33 (34).
5 Sidler, K&R 2002, 33 (35).
6 Geppert/Ruhle/Schuster, Handbuch Recht und Praxis der Telekommunikation, Rdnr. 1463 f.
7 Sidler, K&R 2002, 33 (36); Gurovits/Jetzer/Schmid Ding, Das schweizerische Telekommunikationsrecht, Einleitung, Kapitel 4.2, S. 13.
8 Geppert/Ruhle/Schuster, Handbuch Recht und Praxis der Telekommunikation, Rdnr. 1272.

Gemäß Art. 11 Abs. 1 FMG müssen marktbeherrschende Anbieterinnen von Fernmeldediensten anderen Anbieterinnen nach den Grundsätzen einer transparenten und kostenorientierten Preisgestaltung auf nichtdiskriminierende Weise Interkonnektion gewähren. Dabei bedeutet Interkonnektion nach Art. 3 Bst. e FMG die Verbindung von Fernmeldeanlagen und Fernmeldediensten, die ein fernmeldetechnisches und logisches Zusammenwirken der verbundenen Teile und Dienste sowie den Zugang zu Diensten Dritter ermöglicht.

Die Verordnung über Fernmeldedienste (FDV)[1] regelt wiederum die Modalitäten der Anwendung der im Fernmeldegesetz definierten Grundsätze bei der Festlegung der Interkonnektionspreise. Nach Art. 45 FDV "Kostenorientierte Preisgestaltung" beruht die Festsetzung der Preise auf folgenden Grundsätzen:

a) den in einem kausalen Zusammenhang mit der Interkonnektion stehenden Kosten (relevante Kosten);
b) den langfristigen Zusatzkosten der in Anspruch genommenen Netzkomponenten und denjenigen, die ausschließlich durch Interkonnektionsdienstleistungen hervorgerufen werden (long run incremental costs; LRIC);
c) einem konstanten Zusatz, der auf einem verhältnismäßigen Anteil an den relevanten gemeinsamen Kosten und den Gemeinkosten (joint and common costs) basiert (constant mark up);
d) einem branchenüblichen Kapitalertrag für die eingesetzten Investitionen.

Dic Kosten entsprechen insoweit den Aufwendungen und Investitionen eines effizienten Anbieters. Die Berechnung der Kosten beruht auf aktueller Basis (forward looking) und die Kosten des Netzes entsprechen den Wiederbeschaffungskosten (modern equivalent assets).

e) USA

aa) Entwicklung des Telekommunikationsrechts

Seit dem Ende der 60er Jahre versuchte in den USA das Unternehmen MCI, in den Wettbewerb mit dem beherrschenden Anbieter AT&T zu treten.[2] Dadurch ist ein Prozess in Gang gesetzt worden, der von vielen gerichtlichen Auseinander-

1 SR 784.101.1.
2 Wilmer/Cutler/Pickering, Telekommunikations- und Medienrecht in den USA, Kapitel B. II. 2. a), S. 24.

setzungen begleitet 1982 in den sogenannten MFJ (Modified Final Judgement)[1] mündete. Infolgedessen kam es zu einer Aufspaltung des Unternehmens AT&T, das nur noch im long-distance sowie internationalen Bereich tätig sein durfte.[2] Hinsichtlich des lokalen und regionalen Verkehrs – in der Folgezeit einschließlich des Mobilfunks – erfolgte die Abtrennung von sieben Regionalgesellschaften (Regional Holding Companies - RHCs) mit 22 Betriebsgesellschaften (Regional Bell Operating Companies - RBOCs) von AT&T, die das Monopol für lokale Gespräche und Anschlüsse erhielten.[3] Zwecks geographischer Abgrenzung zwischen Fern- und Ortsgesprächsbereich erfolgte die Aufteilung des gesamten US-amerikanischen Telefonmarktes in 163 verschiedene sogenannte Local Access and Transport Areas (LATAs).[4] Demzufolge durfte AT&T ausschließlich Telefongespräche von einer in eine andere Lokalzone (interLATA) anbieten, wohingegen den lokalen Gesellschaften nur gestattet war, Gespräche innerhalb eines dieser Gebiete zu transportieren (intraLATA).[5]

Aber auch in der Zeit nach 1982 unterlag der US-Markt bezüglich der Regulierung noch dem Telekommunikationsgesetz von 1934, dem Communications Act.[6] Auf dessen Grundlage erfolgte auch die Gründung der Regulierungsbehörde FCC (Federal Communication Commission)[7], die aber auf Grund der Gesetzgebungskompetenz des Bundes ausschließlich für den zwischenstaatlichen Telefonverkehr (interstate services) zuständig war und ist, wohingegen die weiterhin bestehenden einzelstaatlichen Regulierungsbehörden (Public Utility Commissions – PUC) für innerstaatliche Angelegenheiten zuständig blieben.[8] Erst im Jahre 1996 kam es zu einer vollständigen Neufassung des Gesetzes, um die wettbewerblichen Belange besser zu erfassen.[9] Bis zu diesem Zeitpunkt herrschte somit eine lange Periode der Stabilität im Hinblick auf die marktordnenden Institutio-

1 Es handelte sich insofern um eine Modifikation, als durch diesen Vergleich das sogenannte Final Judgement, ein Vergleich von 1956, abgeändert worden ist, der es AT&T untersagte, Datendienste anzubieten.

2 Windthorst, CR 1998, 281 (283).

3 Vgl. Moritz/Neus, CR 1997, 239 (240).

4 Vgl. United States v. American Telephone & Telegraph Co., 569 F. Supp. 990 (D.D.C. 1983) (sogenannte LATA opinion).

5 Sondhof/Theurer, WuW 1996, 177 (180 f.); vgl. auch United States v. American Telephone & Telegraph Co., 569 F. Supp. 990 und zur Gesamtthematik Weinkopf, WIK-Diskussionsbeitrag Nr. 132.

6 Vgl. Moritz/Neus, CR 1997, 239 (239 f.).

7 Wilmer/Cutler/Pickering, Telekommunikations- und Medienrecht in den USA, Kapitel B. I. 2., S. 16.

8 Windthorst, CR 1998, 281 (282) und 340 (342); Wilmer/Cutler/Pickering, Telekommunikations- und Medienrecht in den USA, Kapitel B. I. 4. d).

9 Wilmer/Cutler/Pickering, Telekommunikations- und Medienrecht in den USA, Kapitel B. I. 2., S. 16.

nen und Gesetze.[1] Der Telecommunications Act 1996 (TA'96) hat dann aber mit seinem Inkrafttreten am 8. Februar 1996 die Marktregeln weitgehend neu definiert und damit zu erheblichen regulatorischen Umwälzungen geführt.[2] Der Telecommunications Act 1996 verfolgt dabei insbesondere zwei Ziele:[3]

- Aufhebung der Grenzen zwischen Orts-/Regional- und Fernverkehr durch die Möglichkeit, für Fernverkehrsanbieter in lokale Märkte einzutreten sowie für RBOCs Fernverkehr anzubieten,
- Erleichterung und Finanzierung des Zugangs breiter Bevölkerungsschichten zu den nationalen Informationsinfrastrukturen.[4]

bb) Kostenmethodologie

In den USA kommt der Frage der Zusammenschaltung vornehmlich im Ortsnetzbereich besondere Bedeutung zu. Mittels des Telecommunications Act 1996 war beabsichtigt, auf diesem Sektor gegenüber den etablierten, bisher überwiegend als Monopolisten operierenden Betreibern (incumbent local exchange carrier - ILEC) Wettbewerb entstehen zu lassen. Um unrentable Doppelinvestitionen zu vermeiden, besteht seitens der ILECs die Verpflichtung, ihre Netze und deren einzelne Komponenten Ortsnetzwettbewerbern (competitive local exchange carrier - CLEC) zu bestimmten Bedingungen und Preisen zur Verfügung zu stellen. Diese Bestimmung hat besondere Relevanz für die RBOCs, und zwar dort, wo diese auch als etablierte Ortsnetzgesellschaft operieren. Sie müssen zunächst den Nachweis erbringen, dass sie alle Bedingungen für die Öffnung der von ihnen beherrschten Ortsnetze erfüllen, bevor sie selbst Fernverkehr anbieten dürfen.[5]

Folglich kommen für neue Anbieter im Ortsnetzbereich neben der Zusammenschaltung noch die Entbündelung und das Resale als wesentliche Marktzutrittsmöglichkeiten in Betracht. Sofern sie auf der Grundlage zum Teil vorhandener eigener Infrastruktur anbieten, beinhaltet der Telecommunications Act 1996 Bestimmungen über das Zurverfügungstellen zusätzlich benötigter essentieller In-

---

1 Moritz/Neus, CR 1997, 239 (239 f.).
2 Holznagel/Enaux/Nienhaus, Grundzüge des Telekommunikationsrechts, § 18 I und II.
3 Windthorst, CR 1998, 281 (284).
4 Wilmer/Cutler/Pickering, Telekommunikations- und Medienrecht in den USA, Kapitel B. I. 2., S. 16; Geppert/Ruhle/Schuster, Handbuch Recht und Praxis der Telekommunikation, Rdnr. 1501 ff.
5 Windthorst, CR 1998, 281 (284); Wilmer/Cutler/Pickering, Telekommunikations- und Medienrecht in den USA, Kapitel B. II. 2. f), S. 30.

frastrukturelemente, die die ILECs im Rahmen der Entbündelung anbieten müssen.

Der Telecommunications Act 1996 räumt aber auch Unternehmen, die lediglich als Reseller im Ortsnetz antreten wollen, Rechte ein, die sie in die Lage versetzen, die Dienste der ILECs zu Großhandelspreisen zu kaufen, um sie an ihre Kunden wiederzuverkaufen. Dabei folgt die Preisbildung für die Großhandelspreise der Regel: Endkundenpreis abzüglich vermeidbare Kosten. Die vermeidbaren Kosten, die für die ILECs entfallen, bilden beispielsweise die Kosten für Kundenbetreuung, Rechnungsstellung, Beschwerdemanagement etc.[1]

Des Weiteren werden die wettbewerbsfördernden Maßnahmen Zusammenschaltungsregelung/Entbündelung und Resale noch durch die Vorgabe hinsichtlich der Berechnung der Zusammenschaltungsentgelte komplettiert.[2] Insoweit hat die FCC den Standard TELRIC (total element long run incremental costs) entwickelt, dessen Berechnung ausschließlich zukunftsorientiert und auf der Basis von inkrementellen Kosten erfolgt, woraus vergleichsweise niedrige Entgelte resultieren.[3] Im Gegensatz dazu beruhte das alte Regime zur Berechnung der Zusammenschaltungsentgelte zu ganz wesentlichen Teilen auf historischen Vollkosten.[4]

f) Resultat des Rechtsvergleichs

Die obigen Ausführungen hinsichtlich Interconnection im Ausland verdeutlichen, dass bei der Liberalisierung von Telekommunikationsmärkten die Regulierung der Zusammenschaltung stets eines der problematischsten und langwierigsten Themen der Auseinandersetzung darstellt. Dabei kommt der Frage der zugrundeliegenden Kostenmethodologie zur Berechnung der Zusammenschaltungstarife besondere Bedeutung zu.

Ein internationaler Vergleich der verwendeten Kostenrechnungsmethoden zeigt, dass die meisten Staaten von sehr unterschiedlichen Berechnungsmethoden für Zusammenschaltungstarife ausgehend zu einem System wechseln, das die zukunftsgerichteten langfristigen Zusatzkosten und damit die der Empfehlung 98/195/EG der EU-Kommission zugrunde liegenden Kosten als Basis der Berechnungen verwendet. Das gilt unabhängig davon, ob es sich um europäische

---

1 Holznagel/Enaux/Nienhaus, Grundzüge des Telekommunikationsrechts, § 18 III 1.

2 Wilmer/Cutler/Pickering, Telekommunikations- und Medienrecht in den USA, Kapitel B. II. 2. g) bb), S. 33 f.; Geppert/Ruhle/Schuster, Handbuch Recht und Praxis der Telekommunikation, Rdnr. 1504.

3 Holznagel/Enaux/Nienhaus, Grundzüge des Telekommunikationsrechts, § 18 III 4 a.

4 Vgl. auch First Report and Order: In re Implementation of the Local Competition Provisions in the Telecommunications Act of 1996, 11 FCC Rcd. 15499 Nr. 29.

Staaten innerhalb oder außerhalb der Europäischen Union oder um außereuropäische Staaten handelt.

4. Vorgaben des Telekommunikationsrechtes

Auch das deutsche Telekommunikationsrecht beinhaltet diesbezügliche Vorgaben. Das Telekommunikationsgesetz verfolgt dabei eine Vielzahl sehr unterschiedlicher Zielsetzungen.[1] Damit hat es - entgegen der amtlichen Bezeichnung des § 1 TKG - auch mehrere Zwecke.[2] Insoweit bestimmen die Normen der §§ 1 und 2 TKG gemeinsam den mit dem Gesetz verfolgten Sinn und Zweck. In diesem Zusammenhang legt § 2 TKG die Ziele des Gesetzgebers fest, die nach Maßgabe des § 1 TKG durch Regulierung umzusetzen sind.[3] Auf Grund der teilweisen Wiederholung im Rahmen dieser beiden Bestimmungen kann jedoch gefolgert werden, dass für den Gesetzgeber

- die Förderung des Wettbewerbs und
- die Sicherstellung einer flächendeckenden Versorgung mit Telekommunikationsdienstleistungen

vorrangig waren.[4] Dies entspricht auch dem verfassungsrechtlichen Auftrag gemäß Art. 87 f GG.[5] Die Normen der Entgeltregulierung wiederum als Instrument zur Umsetzung des Zieles der Wettbewerbsförderung können danach differenziert werden, ob sie das Verfahren der Regulierung regeln (formelle Entgeltregulierung) oder ob sie die Parameter beinhalten, an denen sich die Entgelte zu orientieren haben (materielle Entgeltregulierung).[6]

1 Schuster, in: Beck'scher TKG-Kommentar, § 1 Rdnr. 27.
2 Schuster, in: Beck'scher TKG-Kommentar, § 2 Rdnr. 3.
3 Scheurle, in: Scheurle/Mayen, Kommentar zum TKG, § 2 Rdnr. 1; Manssen, in: Manssen, Kommentar, TKG, Band 1, § 1 Rdnr. 5.
4 Geppert/Ruhle/Schuster, Handbuch Recht und Praxis der Telekommunikation, Rdnr. 200.
5 Schuster, in: Beck'scher TKG-Kommentar, § 2 Rdnr. 3.
6 Vgl. Schroeder, WuW 1999, 14 (17 ff.).

a) Formelle Entgeltregulierung

Die Entgeltregulierung erfasst sowohl die Entgelte als auch die entgeltrelevanten Bestandteile von Allgemeinen Geschäftsbedingungen.[1] Beide unterliegen den zwei Verfahrensarten der Regulierung, der ex-ante-Regulierung und der ex-post-Regulierung.[2]

aa) Gegenstand der Entgeltregulierung

Das Telekommunikationsgesetz verwendet im dritten Teil den Begriff des Entgelts für den regulierten Preis der Leistungen des marktbeherrschenden Unternehmens.[3] Dabei ist unter Entgelt die in Geld ausgedrückte Gegenleistung für die Nutzung von Leistungen des marktbeherrschenden Unternehmens zu verstehen.[4]

bb) Die ex-ante-Regulierung

Die von marktbeherrschenden Anbietern beantragten Entgelte für das Angebot von Übertragungswegen und Sprachtelefondienst unterliegen der vorherigen Genehmigung durch die Regulierungsbehörde.[5] In Ergänzung zu § 25 TKG bestimmt § 27 TKG die beiden Genehmigungsarten der ex-ante-Regulierung und ihr Verfahren.[6] Die Bestimmung unterscheidet

---

1 Wissmann, in: Wissmann, Praxishandbuch Telekommunikationsrecht, Kapitel 13 Rdnr. 28; Witte, in: Scheurle/Mayen, Kommentar zum TKG, § 25 Rdnr. 18; Geppert/Ruhle/Schuster, Handbuch Recht und Praxis der Telekommunikation, Rdnr. 405 f.

2 Spoerr, in: Trute/Spoerr/Bosch, Kommentar, TKG, § 25 Rdnr. 32; Schuster/Stürmer, in: Beck'scher TKG-Kommentar, § 24 Rdnr. 10.

3 Manssen, in: Manssen, Kommentar, TKG, Band 1, § 24 Rdnr. 11.

4 Stamm, Die Entgeltregulierung im TKG, Abschnitt D. II. 1. a); Gramlich, in: Heun, Handbuch Telekommunikationsrecht, Teil 3 Rdnr. 137; Wissmann, in: Wissmann, Praxishandbuch Telekommunikationsrecht, Kapitel 13 Rdnr. 29; Schuster/Stürmer, in: Beck'scher TKG-Kommentar, § 24 Rdnr. 9.

5 Witte, in: Scheurle/Mayen, Kommentar zum TKG, § 25 Rdnr. 9; Etling-Ernst, Praxiskommentar zum TKG, § 25 Rdnr. 6 und 8; Moritz, RTkom 2000, 102 (111); vgl. auch Fangmann, Das neue Telekommunikationsgesetz, Kapitel 8.6, S. 205.

6 Spoerr, in: Trute/Spoerr/Bosch, Kommentar, TKG, § 27 Rdnr. 1; Wissmann, in: Wissmann, Praxishandbuch Telekommunikationsrecht, Kapitel 13 Rdnr. 44; Gramlich, in: Heun, Handbuch Telekommunikationsrecht, Teil 3 Rdnr. 109.

- die Genehmigung von Entgelten auf der Grundlage der auf die einzelne Dienstleistung entfallenden Kosten der effizienten Leistungsbereitstellung („Einzelgenehmigungsverfahren")[1] von
- der Genehmigung von Entgelten auf der Grundlage der von der Regulierungsbehörde vorgegebenen Maßgrößen für die durchschnittlichen Änderungsraten der Entgelte für einen Korb zusammengefasster Dienstleistungen („Price-Cap-Verfahren").[2]

(A) Einzelgenehmigungsverfahren

Demzufolge bildet das Entgelt jeder einzelnen Dienstleistung den Gegenstand des Einzelgenehmigungsverfahrens.[3] In diesem Zusammenhang ist unter einer einzelnen Dienstleistung jede mit einem Entgelt versehene Zusammenfassung von Leistungen des marktbeherrschenden Unternehmens zu verstehen.[4] Demnach können die Entgelte erhoben werden im Rahmen:

- eines einmaligen Anschlussentgeltes,
- eines monatlichen Grundentgeltes,
- eines nutzungsabhängigen Entgeltes, differenziert nach Zeit- und Entfernungszonen sowie
- von sonstigen Entgeltbestandteile, z.B. für Zusatzleistungen.[5] Insoweit hat bezüglich jeder einzelnen Dienstleistung die Überprüfung zu erfolgen, ob sich das beantragte Entgelt an den Kosten der effizienten Leistungsbereitstellung orientiert.[6]

---

1 Schmidt, K&R 1999, 385 (388); Becker, K&R 1999, 112 (114); Etling-Ernst, Praxiskommentar zum TKG, § 27 Rdnr. 2.

2 Etling-Ernst, Praxiskommentar zum TKG, § 27 Rdnr. 3; Wissmann, in: Wissmann, Praxishandbuch Telekommunikationsrecht, Kapitel 13 Rdnr. 45; Moritz, RTkom 2000, 102 (112).

3 Stamm, Die Entgeltregulierung im TKG, Abschnitt D. IV. 2. b) cc) (2) (a); Geppert/Ruhle/Schuster, Handbuch Recht und Praxis der Telekommunikation, Rdnr. 409.

4 Witte, in: Scheurle/Mayen, Kommentar zum TKG, § 27 Rdnr. 8; Moritz, RTkom 2000, 102 (112).

5 Geppert/Ruhle/Schuster, Handbuch Recht und Praxis der Telekommunikation, Rdnr. 409.

6 Schuster/Stürmer, in: Beck'scher TKG-Kommentar, § 27 Rdnr. 5 f.; Holznagel/Enaux/Nienhaus, Grundzüge des Telekommunikationsrechts, § 8 VI 1 a; Spoerr, in: Trute/Spoerr/Bosch, Kommentar, TKG, § 27 Rdnr. 1.

(B) Price-Cap-Verfahren

Demgegenüber bildet das Entgelt für einen Korb zusammengefasster Dienstleistungen den Gegenstand des Price-Cap-Verfahrens.[1] In dessen Rahmen prüft die Regulierungsbehörde, ob die durchschnittlichen Änderungsraten der Entgelte, die sich aus den gewichteten Änderungen der Einzelentgelte im Korb ergeben, eine zuvor festgelegte Maßgröße überschreiten oder nicht überschreiten.[2]

Obwohl sich die Konkretisierung der Kosten der effizienten Leistungsbereitstellung in § 3 Abs. 2 TEntgV und damit im ersten Abschnitt der Verordnung befindet, der sich ausschließlich auf Entgeltgenehmigungen im Einzelgenehmigungsverfahren nach Maßgabe des § 27 Abs. 1 Nr. 1 TKG bezieht, verweist jedoch § 4 Abs. 3 TEntgV auch im Zusammenhang mit Genehmigungen nach § 27 Abs. 1 Nr. 2 TKG auf das Konzept der Kosten der effizienten Leistungsbereitstellung, so dass dieses Konzept auch dem Price-Cap-Verfahren zugrunde liegt.[3] Folglich sind insoweit auch die Einschränkungen im Sinne des § 3 Abs. 4 TEntgV zu berücksichtigen.[4]

cc) Die ex-post-Regulierung

In Ergänzung zu § 25 TKG bestimmt § 30 TKG das Verfahren der nachträglichen Entgeltregulierung, das zwei Bereiche umfasst.[5] Einerseits regelt die Norm die nochmalige Überprüfung der im Rahmen der ex-ante-Regulierung schon genehmigten Entgelte der Telekommunikationsdienstleistungen Übertragungswege und Sprachtelefondienst (§ 30 Abs. 1 TKG).[6] Andererseits normiert die Vorschrift die erstmalige Überprüfung aller anderen Telekommunikationsdienstleis-

---

1 Schmidt, K&R 1999, 385 (388 f.).

2 Witte, in: Scheurle/Mayen, Kommentar zum TKG, § 27 Rdnr. 2; Spoerr, in: Trute/Spoerr/Bosch, Kommentar, TKG, § 27 Rdnr. 1; Geppert/Ruhle/Schuster, Handbuch Recht und Praxis der Telekommunikation, Rdnr. 413; dazu ausführlich die BMPT-Mitteilung Price-Cap-Regulierung Telefondienst für die Endkundenentgelte ab 01.01.1998, ABl. BMPT 1997, S. 1891 sowie Ladeur, K&R 1998, 479 (483 f.).

3 Großkopf/Ritgen, CR 1998, 86 (92 f.); Wissmann, in: Wissmann, Praxishandbuch Telekommunikationsrecht, Kapitel 13 Rdnr. 110.

4 Schuster/Stürmer, in: Beck'scher TKG-Kommentar, Anhang § 27, § 4 TEntgV Rdnr. 13.

5 Wissmann, in: Wissmann, Praxishandbuch Telekommunikationsrecht, Kapitel 13 Rdnr. 78; Etling-Ernst, Praxiskommentar zum TKG, § 25 Rdnr. 22; Moritz, RTkom 2000, 102 (114 f.).

6 Spoerr, in: Trute/Spoerr/Bosch, Kommentar, TKG, § 30 Rdnr. 9.

tungen (§ 30 Abs. 2 TKG).[1] Die Einleitung der Überprüfung setzt dabei voraus, dass der Regulierungsbehörde Tatsachen bekannt werden, die die Annahme rechtfertigen, dass sich die erhobenen Entgelte nicht an den Kosten der effizienten Leistungsbereitstellung orientieren, so dass der Grundsatz der Kostenorientierung auch der ex-post-Regulierung zugrunde liegt.[2]

b) Materielle Entgeltregulierung

Der Grundsatz der Kosten der effizienten Leistungsbereitstellung bildet den Genehmigungsmaßstab im Rahmen der materiellen Entgeltregulierung.[3] Insoweit haben sich die Entgelte eines marktbeherrschenden Unternehmens nach § 24 TKG

- an den Kosten der effizienten Leistungsbereitstellung zu orientieren und
- dürfen keine Aufschläge, Abschläge oder Vorteile enthalten, es sei denn, dass sie ausnahmsweise gerechtfertigt sind. Folglich bedarf es zunächst der Konkretisierung, welche Kostenkategorien in welcher Höhe und in welchem Umfang den Maßstab für die Preisermittlung bilden sollen.

aa) Kostenkategorien

Der Begriff der Kosten der effizienten Leistungsbereitstellung wird in § 3 Abs. 2 TEntgV näher konkretisiert.[4] Danach ergeben sich die für die Entgeltregulierung relevanten Kosten der effizienten Leistungsbereitstellung aus den

- langfristigen zusätzlichen Kosten der Leistungsbereitstellung und
- einem angemessenen Zuschlag für leistungsmengenneutrale Gemeinkosten,
- jeweils einschließlich einer angemessenen Verzinsung des eingesetzten Kapitals. Die im Rahmen des § 3 Abs. 2 TEntgV verwandten Kostenbegriffe sind:

---

1 Vgl. Moritz/Scheffelt, in: Hoeren/Sieber, Handbuch Multimedia-Recht, Teil 4 Rdnr. 122; Witte, in: Scheurle/Mayen, Kommentar zum TKG, § 30 Rdnr. 15.

2 Manssen, in: Manssen, Kommentar, TKG, Band 1, § 30 Rdnr. 10.

3 Etling-Ernst, Praxiskommentar zum TKG, § 24 Rdnr. 2 und 8; Wissmann, in: Wissmann, Praxishandbuch Telekommunikationsrecht, Kapitel 13 Rdnr. 102; Spoerr, in: Trute/Spoerr/Bosch, Kommentar, TKG, § 24 Rdnr. 1; Moritz, RTkom 2000, 102 (105).

4 Moritz/Scheffelt, in: Hoeren/Sieber, Handbuch Multimedia-Recht, Teil 4 Rdnr. 141; Gramlich, in: Heun, Handbuch Telekommunikationsrecht, Teil 3 Rdnr. 154; Wissmann, in: Wissmann, Praxishandbuch Telekommunikationsrecht, Kapitel 13 Rdnr. 103.

(A) Zusätzliche Kosten

Unter den zusätzlichen (inkrementellen) Kosten[1] eines Dienstes sind diejenigen Kosten zu verstehen, die die Bereitstellung des Dienstes zusätzlich zu den anderen Diensten des Anbieters verursacht.[2] Es handelt sich folglich um die Kosten, die das Unternehmen andererseits einsparen kann, wenn die Produktion des betrachteten Dienstes eingestellt wird.[3] In diesem Zusammenhang werden die durchschnittlichen zusätzlichen Kosten, die aus der Teilung der zusätzlichen Kosten eines Dienstes durch die Ausbringungsmenge des jeweiligen Dienstes resultieren, auch als Preisuntergrenze im Wettbewerb interpretiert, da ein Dienst, der seine zusätzlichen Kosten nicht verdient, im Wettbewerb nicht wirtschaftlich angeboten werden kann.[4]

(B) Langfristige Kosten

Der Unterscheidung von langfristigen und kurzfristigen Kosten liegt eine auf die Entscheidbarkeit von Kosten bezogene relative Zeitvorstellung zugrunde.[5] Danach ist die Langfristigkeit dadurch gekennzeichnet, dass sämtliche Kosten, insbesondere auch die Kapitalkosten für Netzkapazität, variiert werden können.[6] Im Gegensatz dazu handelt es sich bei kurzfristigen Kosten um solche, die aus Sicht des Unternehmens innerhalb eines kurzen Zeitraumes variabel sind.[7] Demnach sind die langfristigen Kosten maßgebend dafür, ob eine Leistung angeboten wer-

---

1 Vgl. Spoerr, in: Trute/Spoerr/Bosch, Kommentar, TKG, § 24 Rdnr. 26.

2 Manssen, in: Manssen, Kommentar, TKG, Band 1, Anhang § 27, TEntgV Rdnr. 23; Wissmann, in: Wissmann, Praxishandbuch Telekommunikationsrecht, Kapitel 13 Rdnr. 103; Stamm, Die Entgeltregulierung im TKG, Abschnitt D. III. 2. b) aa).

3 Schuster/Stürmer, in: Beck'scher TKG-Kommentar, Anhang § 27, § 3 TEntgV Rdnr. 7.

4 Moritz, RTkom 2000, 102 (105 f.).

5 Schuster/Stürmer, in: Beck'scher TKG-Kommentar, Anhang § 27, § 3 TEntgV Rdnr. 15.

6 Manssen, in: Manssen, Kommentar, TKG, Band 1, Anhang § 27, TEntgV Rdnr. 23; Spoerr, in: Trute/Spoerr/Bosch, Kommentar, TKG, § 24 Rdnr. 27; Wissmann, in: Wissmann, Praxishandbuch Telekommunikationsrecht, Kapitel 13 Rdnr. 103; Marschall, Interconnection, 3. Kapitel B. IV. 1. c) aa), S. 169.

7 Geppert/Ruhle/Schuster, Handbuch Recht und Praxis der Telekommunikation, Rdnr. 391.

den soll oder nicht.[1] Denn nur wenn eine Leistung die langfristigen Kosten erwirtschaftet, kann diese langfristig bereitgestellt werden.[2]

(C) Gemeinkosten

Die Gemeinkosten bilden keinen Bestandteil der zusätzlichen Kosten.[3] Während zusätzliche Kosten eines Dienstes ausschließlich der Ausbringungseinheit (Kostenträger) des jeweiligen Dienstes zuzuordnen sind, stellt sich dies bei Gemeinkosten anders dar.[4] Bei Gemeinkosten handelt es sich um Kosten, die einer Kostenträgereinheit nicht direkt zugeordnet werden können.[5] Sie fallen vielmehr für solche Produktionsfaktoren an, die von mehreren Diensten gemeinsam genutzt werden.[6] Gemeinkosten können für eine bestimmte Gruppe von Diensten (joint costs) oder als Unternehmensgemeinkosten (common costs) entstehen.[7] Als Beispiele für dienstegruppenspezifische Gemeinkosten kommen Vertriebskosten oder Lizenzgebühren[8] in Betracht, die für die verschiedenen Telekommunikationsdienste gemeinsam anfallen.[9] Demgegenüber stellen z.B. Vorstandsgehälter oder Versicherungskosten unternehmensspezifische Gemeinkosten dar.[10]

Auf Grund der fehlenden Möglichkeit, Gemeinkosten direkt einer Kostenträgereinheit zuzuordnen, bedarf es der Zurechnung („Allokation") der Gemeinkos-

1 Schütz/Müller, MMR 1999, 128 (133). Witte, in: Scheurle/Mayen, Kommentar zum TKG, § 24 Rdnr. 31.
2 Geppert/Ruhle/Schuster, Handbuch Recht und Praxis der Telekommunikation, Rdnr. 391.
3 Schuster/Stürmer, in: Beck'scher TKG-Kommentar, Anhang § 27, § 3 TEntgV Rdnr. 8.
4 Geppert/Ruhle/Schuster, Handbuch Recht und Praxis der Telekommunikation, Rdnr. 391.
5 Witte, in: Scheurle/Mayen, Kommentar zum TKG, § 24 Rdnr. 13; Moritz, RTkom 2000, 102 (106); Wissmann, in: Wissmann, Praxishandbuch Telekommunikationsrecht, Kapitel 13 Rdnr. 103.
6 Geppert/Ruhle/Schuster, Handbuch Recht und Praxis der Telekommunikation, Rdnr. 391.
7 Schuster/Stürmer, in: Beck'scher TKG-Kommentar, Anhang § 27, § 3 TEntgV Rdnr. 8.
8 Vgl. dazu insbesondere Ruhle/Schuster, K&R 2001, 555 ff.
9 Geppert/Ruhle/Schuster, Handbuch Recht und Praxis der Telekommunikation, Rdnr. 391.
10 Moritz, RTkom 2000, 102 (106).

ten auf die Dienste.[1] Zu einer derartigen Schlüsselung von Gemeinkosten existieren unterschiedliche Methoden.[2]

(D) Leistungsmengenneutrale Kosten

Unter leistungsmengenneutralen Kosten („Fixkosten“) sind diejenigen Kosten zu verstehen, deren Höhe nicht in Abhängigkeit zu der jeweiligen Ausbringungsmenge der Leistung steht.[3] Der Begrenzung des Zuschlages auf leistungsmengenneutrale Gemeinkosten kommt keine besondere Bedeutung zu, da leistungsmengenabhängige Kosten dem jeweiligen Bezugsobjekt direkt zugerechnet werden können.[4]

(E) Kapitalverzinsung

Sowohl die langfristigen zusätzlichen Kosten der Leistungsbereitstellung als auch die Gemeinkosten beinhalten jeweils außerdem eine angemessene Verzinsung des eingesetzten Kapitals.[5] Üblicherweise setzt sich das von einem Unternehmen eingesetzte Kapital aus Eigen- und Fremdkapital zusammen.[6] Dementsprechend resultiert die Eigenkapitalverzinsung aus der Differenz zwischen den übrigen Kosten und dem Entgelt im Verhältnis zum eingesetzten Eigenkapital.[7] Die Angemessenheit der Verzinsung ist zudem dann gegeben, wenn das Eigenkapital marktgerecht verzinst wird.[8] Demgegenüber lässt sich der für die Verzinsung des Fremdkapitals relevante Zinssatz den Finanzierungsverträgen des Unternehmens entnehmen.[9] Dessen Angemessenheit ist durch den Vergleich mit den am Markt

---

1 Spoerr, in: Trute/Spoerr/Bosch, Kommentar, TKG, § 24 Rdnr. 17.
2 Vgl. Schuster/Stürmer, in: Beck'scher TKG-Kommentar, Anhang § 27, § 3 TEntgV Rdnr. 9 ff.
3 Moritz, RTkom 2000, 102 (106).
4 Manssen, in: Manssen, Kommentar, TKG, Band 1, Anhang § 27, TEntgV Rdnr. 22.
5 Schuster/Stürmer, in: Beck'scher TKG-Kommentar, Anhang § 27, § 3 TEntgV Rdnr. 17.
6 Wissmann, in: Wissmann, Praxishandbuch Telekommunikationsrecht, Kapitel 13 Rdnr. 103; Moritz, RTkom 2000, 102 (106).
7 Witte, in: Scheurle/Mayen, Kommentar zum TKG, § 24 Rdnr. 19 ff.; Geppert/Ruhle/Schuster, Handbuch Recht und Praxis der Telekommunikation, Rdnr. 391.
8 Schuster/Stürmer, in: Beck'scher TKG-Kommentar, Anhang § 27, § 3 TEntgV Rdnr. 18.
9 Witte, in: Scheurle/Mayen, Kommentar zum TKG, § 24 Rdnr. 19; Moritz, RTkom 2000, 102 (106).

üblichen Zinssätzen für vergleichbare Anlagen zu ermitteln.[1] Demzufolge ist zur Ermittlung der Verzinsung des gesamten eingesetzten Kapitals der Fremdkapitalzins sowie der Eigenkapitalzins mit den jeweiligen Anteilen des Fremd- bzw. Eigenkapitals am Gesamtkapital des Unternehmens zu gewichten.[2]

(F) Notwendigkeit der Kosten

Nach Maßgabe des § 3 Abs. 2 TEntgV finden für die Bestimmung der Kosten der effizienten Leistungsbereitstellung die genannten Kostenkategorien ausschließlich insoweit Berücksichtigung, als sie jeweils für die Leistungsbereitstellung notwendig sind. Dieser Maßstab nimmt sowohl auf den Umfang als auch auf die Höhe der anzusetzenden Kosten Bezug.[3]

Dem berücksichtigungsfähigen Umfang der Kosten einer effizienten Leistungsbereitstellung sind nur diejenigen Kosten zuzurechnen, die für die Bereitstellung der betrachteten Leistung unverzichtbar sind.[4] Darüber hinaus sind die Kostenpositionen nur in der Höhe zu berücksichtigen, die jeweils für die Leistungserbringung in einer bestimmten Qualität erforderlich sind.[5] In diesem Zusammenhang ist ein geringst möglicher Mitteleinsatz mit einer kostenminimalen Produktionstechnologie zugrunde zu legen.[6]

bb) Kostenorientierung

Gemäß § 24 Abs. 1 TKG haben sich die Entgelte an den Kosten der effizienten Leistungsbereitstellung zu orientieren. Folglich ist lediglich ein nachvollziehbarer

---

1 Schuster/Stürmer, in: Beck'scher TKG-Kommentar, Anhang § 27, § 3 TEntgV Rdnr. 17.

2 Witte, in: Scheurle/Mayen, Kommentar zum TKG, § 24 Rdnr. 23; Moritz, RTkom 2000, 102 (106); vgl. auch Wissenschaftliches Institut für Kommunikationsdienste GmbH, Referenzdokument "Ein analytisches Kostenmodell für das Ortsnetz" vom 04.03.1998, Ziffer 2.2.3.3, S. 15 i.V.m. Referenzdokument 2.0 "Analytisches Kostenmodell Anschlussnetz" vom 08.11.2000, Ziffer 4.1, S. 25.

3 Stamm, Die Entgeltregulierung im TKG, Abschnitt D. III. 2. b) dd); Geppert/ Ruhle/Schuster, Handbuch Recht und Praxis der Telekommunikation, Rdnr. 394.

4 Manssen, in: Manssen, Kommentar, TKG, Band 1, Anhang § 27, TEntgV Rdnr. 25.

5 Schuster/Stürmer, in: Beck'scher TKG-Kommentar, Anhang § 27, § 3 TEntgV Rdnr. 20.

6 Geppert/Ruhle/Schuster, Handbuch Recht und Praxis der Telekommunikation, Rdnr. 394 f.

Zusammenhang und keine Übereinstimmung zwischen den Entgelten und den Kosten der effizienten Leistungsbereitstellung erforderlich.[1]

Bei der Auslegung des Begriffs der Orientierung bedarf es folgender Abwägung:[2]

- Einerseits ist zugunsten des marktbeherrschenden Unternehmens zu berücksichtigen, dass auch in einem Wettbewerbsmarkt die Preise nicht zu jedem Zeitpunkt den Kosten der Leistungsbereitstellung entsprechen. Dies trifft zum Beispiel im Hinblick auf verschiedene Phasen im Lebenszyklus eines Produktes zu, in denen der Preis des Produktes oberhalb oder unterhalb der Kosten der Leistungsbereitstellung liegen kann.[3] So werden etwa in der Einführungsphase eines Produktes die durchschnittlichen zusätzlichen Kosten des Produktes relativ hoch sein, da fixe Einzelkosten des Produktes nur auf wenige Ausbringungseinheiten umgelegt werden können. Ferner gilt dies auch bezüglich der zeitlichen Tarifstruktur (Peak-/Off-Peak-Tarife).[4] Mittels der Verwendung des Begriffs der Orientierung gesteht der Gesetzgeber dem marktbeherrschenden Unternehmen den erforderlichen Handlungsspielraum zu.[5]
- Andererseits kann die Auslegung des Begriffs der Orientierung nicht über den engen Rahmen einer zeitlich begrenzten und etwa mit der Gestaltung einer nachvollziehbaren und praktikablen Tarifstruktur begründeten Abweichung von den Kosten der effizienten Leistungsbereitstellung hinausgehen, ohne gegen die Zielsetzung des Telekommunikationsgesetzes, die Interessen der Nutzer zu schützen und den chancengleichen Wettbewerb zu fördern, zu verstoßen.[6]

---

1 Witte, in: Scheurle/Mayen, Kommentar zum TKG, § 27 Rdnr. 27; Schuster/Stürmer, in: Beck'scher TKG-Kommentar, § 24 Rdnr. 13; Gramlich, in: Heun, Handbuch Telekommunikationsrecht, Teil 3 Rdnr. 157.

2 Geppert/Ruhle/Schuster, Handbuch Recht und Praxis der Telekommunikation, Rdnr. 396.

3 Wissmann, in: Wissmann, Praxishandbuch Telekommunikationsrecht, Kapitel 13 Rdnr. 108.

4 Schuster/Stürmer, in: Beck'scher TKG-Kommentar, § 24 Rdnr. 14.

5 Geppert/Ruhle/Schuster, Handbuch Recht und Praxis der Telekommunikation, Rdnr. 396.

6 Schuster/Stürmer, in: Beck'scher TKG-Kommentar, § 24 Rdnr. 15.

Folglich ist innerhalb dieses Rahmens die Einhaltung des Maßstabes der Kostenorientierung der Entgelte zu bewerten, dessen Operationalisierung folgendermaßen vorgenommen werden kann:[1]

- Die Entgelte des marktbeherrschenden Unternehmens haben sich an den Kosten der effizienten Leistungsbereitstellung zu orientieren.
- Diese resultieren aus den langfristigen zusätzlichen Kosten der Leistungsbereitstellung und einem angemessenen Zuschlag für leistungsmengenneutrale Gemeinkosten, jeweils einschließlich einer angemessenen Verzinsung des eingesetzten Kapitals.
- Dabei werden ausschließlich Kosten berücksichtigt, die jeweils für die Leistungsbereitstellung notwendig sind. Dies bezieht sich sowohl auf den Umfang als auch auf die Höhe der anzusetzenden Kosten.[2] Dementsprechend sind nur solche Kosten heranzuziehen, die für die Bereitstellung der betrachteten Leistung unverzichtbar sind.[3]
- Die Kostenorientierung erfordert einen nachvollziehbaren Zusammenhang zwischen den Entgelten und den Kosten der effizienten Leistungsbereitstellung. Insoweit ist eine Abwägung zwischen dem berechtigten Flexibilitätsinteresse des marktbeherrschenden Unternehmens und dem Schutz des Wettbewerbs vorzunehmen.[4]

Verfahren, die in der Regulierungspraxis Anwendung finden, um Hinweise auf die Kosten der effizienten Leistungsbereitstellung zu gewinnen, sind das Vergleichsmarktverfahren[5] und analytische Kostenmodelle.[6]

(A) Vergleichsmarktverfahren

Als zusätzliches Beurteilungskriterium verweist § 3 Abs. 3 TEntgV auf Vergleichsmärkte, die sich bereits im Wettbewerb befinden und auf denen Unternehmen entsprechende Leistungen anbieten, wobei die Besonderheiten der Ver-

---

1 Geppert/Ruhle/Schuster, Handbuch Recht und Praxis der Telekommunikation, Rdnr. 398.

2 Schuster/Stürmer, in: Beck'scher TKG-Kommentar, Anhang § 27, § 3 TEntgV Rdnr. 20.

3 Manssen, in: Manssen, Kommentar, TKG, Band 1, Anhang § 27, TEntgV Rdnr. 25.

4 Geppert/Ruhle/Schuster, Handbuch Recht und Praxis der Telekommunikation, Rdnr. 398.

5 Eschweiler, Regulierung der Telekommunikation und erste Entscheidungspraxis der Regulierungsbehörde für Telekommunikation und Post, K&R 1998, 530 (534).

6 Schuster/Stürmer, in: Beck'scher TKG-Kommentar, Anhang § 27, § 3 TEntgV Rdnr. 21.

gleichsmärkte zu berücksichtigen sind.[1] Der Vergleich mit Kosten und Preisen vergleichbarer Unternehmen im Wettbewerb soll Anhaltspunkte für ein effizientes Kostenniveau respektive für Preise, die auf einem effizienten Kostenniveau basieren, geben.[2]

(B) Analytische Kostenmodelle

Des Weiteren hat das Wissenschaftliche Institut für Kommunikationsdienste (WIK) im Auftrag der Regulierungsbehörde für Telekommunikation und Post sowohl ein analytisches Kostenmodell für das Ortsnetz[3] als auch für das nationale Verbindungsnetz entwickelt.[4] Ausgehend von den Gründen für den Einsatz analytischer Kostenmodelle nehmen die folgenden Ausführungen in diesem Zusammenhang Stellung zu deren rechtlicher Kompatibilität, zu den Stärken und Schwächen der unterschiedlichen Modellarten sowie zur Tauglichkeit analytischer Kostenmodelle als Grundlage von Regulierungsentscheidungen über die Höhe von Netzzugangs- und Zusammenschaltungsentgelten.

---

1 Es wird die Auffassung vertreten, dass gerade in der ersten Zeit nach Marktöffnung auch eine Regulierung ausschließlich nach dem Vergleichsmarktverfahren erfolgen kann, solange die Berechnung der langfristigen Kosten nicht möglich ist, Schütz/Müller, MMR 1999, 128 (132); anderer Auffassung Manssen, in: Manssen, Kommentar, TKG, Band 1, Anhang § 27, TEntgV Rdnr. 32; zur Sonderproblematik der Bestimmung der Kosten der effizienten Leistungsbereitstellung im Falle der Vorlage unvollständiger Kostennachweise vgl. im Einzelnen die folgende Darstellung unter D.

2 Manssen, in: Manssen, Kommentar, TKG, Band 1, Anhang § 27, TEntgV Rdnr. 32; Witte, in: Scheurle/Mayen, Kommentar zum TKG, § 27 Rdnr. 39 ff.; Etling-Ernst, Praxiskommentar zum TKG, TEntgV, Rdnr. 33; Becker, K&R 1999, 112 (115 ff.); zu internationalen Vergleichen im Einzelnen Neumann, in: Picot, Das Telekommunikationsgesetz auf dem Prüfstand, Kapitel 7, S. 81 ff.; zum Vergleichsmarktkonzept des GWB Möschel, in: Immenga/Mestmäcker, Kommentar zum GWB, § 19 Rdnr. 161 ff.

3 Vgl. insoweit zur Bestimmung der Kosten von Teilnehmeranschlussleitungen im Einzelnen Gerpott/Winzer, K&R 2000, 521 (524 ff.).

4 Wissmann, in: Wissmann, Praxishandbuch Telekommunikationsrecht, Kapitel 13 Rdnr. 113; Schuster/Stürmer, in: Beck'scher TKG-Kommentar, Anhang § 27, § 3 TEntgV Rdnr. 32; Doll/Wieck, Analytische Kostenmodelle als Grundlage für Entgeltregulierungsentscheidungen, MMR 1998, 280 (281); Stamm, Die Entgeltregulierung im TKG, Abschnitt D. III. 2. c) bb).

(I) Einsatzgründe

Die Gründe für den Einsatz von analytischen Kostenmodellen resultieren aus der Schwierigkeit, die Kosten einer Vielzahl von technischen Elementen und betrieblichen Prozessen den unterschiedlichen Telekommunikationsdiensten detailliert zuzurechnen.[1] Denn Telekommunikationsnetzwerke stellen heutzutage hochkomplexe Konstruktionen dar, deren Errichtung und einwandfreier Betrieb das Zusammenspiel zahlreicher Einzelfaktoren und Prozessabläufe voraussetzen. Dabei erfolgt die Nutzung solcher Netzwerke durch eine Vielzahl unterschiedlichster Telekommunikationsdienste. Die bisherigen Kostenrechnungssysteme der Telekommunikationsunternehmen sind allerdings nicht in der Lage gewesen, den erhöhten Anforderungen der Regulierung an Kostenermittlung und Kostenzurechnung gerecht zu werden. Demzufolge bedarf die genaue Kostenermittlung und Kostenzurechnung gemäß den regulatorischen Anforderungen der Implementierung neuer, hochqualifizierter Kostenrechnungssysteme, die u.a. die entsprechenden Kostennachweise für Entgeltanträge liefern können.

Die Entwicklung und Einführung solcher Kostenrechnungssysteme, die den erhöhten regulatorischen Anforderungen genügen, stellen sich jedoch als überaus aufwendig und zeitintensiv dar. Als Alternative zu den von den betroffenen Unternehmen vorgelegten Kostenrechnungsdaten als Grundlage für Entscheidungen der Regulierungsbehörde kamen daher neben dem bereits in der Kartellrechtspraxis eingeführten Instrument der Vergleichsmarktbetrachtung zunehmend auch analytische Kostenmodelle in Betracht. Deren Vorteil bestände einerseits in der Unabhängigkeit von der tatsächlichen Kostenrechnung des regulierten Unternehmens und andererseits in einer erhöhten Transparenz von Regulierungsentscheidungen.[2]

(II) Rechtliche Kompatibilität

Zu untersuchen ist jedoch, ob analytische Kostenmodelle auf der Basis von Modellrechnungen als Instrument der Entgeltregulierung mit dem Telekommunikationsgesetz oder der Telekommunikations-Entgeltregulierungsverordnung vereinbar sind. Denn die im Rahmen der vorgeschriebenen Prüfung anzuwendende Methode und die einzusetzenden Instrumente sind dort nicht näher definiert.[3]

---

1 Vogelsang, Analytische Kostenmodelle - ein notwendiges Übel, MMR 1998, 594 (594 f.).

2 Doll/Wieck, Analytische Kostenmodelle als Grundlage für Entgeltregulierungsentscheidungen, MMR 1998, 280 (281).

3 Mellewigt/Theissen, MMR 1998, 589 (589); Doll/Wieck, Eingeschränkte Aussagekraft von analytischen Kostenmodellen, Eine Replik, MMR 1998, 659 (660).

Nach Maßgabe des § 24 Abs. 1 S. 1 TKG haben sich Entgelte an den Kosten der effizienten Leistungsbereitstellung zu orientieren. Dementsprechend hat die Regulierungsbehörde gemäß § 3 Abs. 1 TEntgV die vom beantragenden Unternehmen nach § 2 TEntgV vorgelegten Nachweise dahingehend zu prüfen, ob und inwieweit die beantragten Entgelte sich an den Kosten der effizienten Leistungsbereitstellung orientieren. Ausweislich des § 3 Abs. 2 TEntgV ergeben sich dabei die Kosten der effizienten Leistungsbereitstellung aus den langfristigen zusätzlichen Kosten der Leistungsbereitstellung und einem angemessenen Zuschlag für leistungsmengenneutrale Gemeinkosten, jeweils einschließlich einer angemessenen Verzinsung des eingesetzten Kapitals, soweit diese Kosten jeweils für die Leistungsbereitstellung notwendig sind. Im Rahmen dieser Prüfung soll die Regulierungsbehörde gemäß § 3 Abs. 3 TEntgV zusätzlich insbesondere Preise und Kosten solcher Unternehmen als Vergleich heranziehen, die entsprechende Leistungen auf vergleichbaren Märkten im Wettbewerb anbieten, wobei die Besonderheiten der Vergleichsmärkte zu berücksichtigen sind.

Daraus folgt, dass die Kosten der Leistungsbereitstellung des betroffenen Unternehmens die Grundlage für die Prüfung nach § 3 TEntgV bilden.[1] Im Anschluss daran soll eine Beurteilung dieser zunächst festzustellenden Kosten des betroffenen Unternehmens im Hinblick auf ihre Effizienz mit Hilfe des in der allgemeinen Kartellrechtspraxis eingeführten Vergleichsmarktkonzepts erfolgen.[2]

Im Gegensatz dazu sind analytische Kostenmodelle auf der Basis von Modellrechnungen als Instrument der Entgeltregulierung explizit weder im Telekommunikationsgesetz noch in der Telekommunikations-Entgeltregulierungsverordnung vorgesehen.[3] Somit stellt sich des Weiteren die Frage, welche Rückschlüsse hieraus auf die Methode zur Durchführung der nach § 3 Abs. 1 TEntgV vorgeschriebenen Prüfung gezogen werden können: Handelt es sich bei dem sogenannten Benchmarking nach Maßgabe des § 3 Abs. 3 TEntgV um ein Prüfungsinstrument, das vom Gesetzgeber lediglich exemplarisch hervorgehoben worden ist, oder um eine abschließende Aufzählung, durch die die Verwendung von analytischen Kostenmodellen insgesamt ausgeschlossen sein soll?

Der amtlichen Begründung zu § 3 Abs. 3 des Entwurfs der Telekommunikations-Entgeltregulierungsverordnung lässt sich insoweit wörtlich entnehmen, dass "der in Absatz 3 enthaltene explizite Hinweis auf das Konzept des Vergleichsmarktes zum einen allgemeiner wettbewerbsrechtlicher Praxis folgt und zum anderen klarstellt, dass nicht theoretische Modellrechnungen (die damit nicht aus-

---

1 Spoerr, in: Trute/Spoerr/Bosch, Kommentar, TKG, § 24 Rdnr. 35.

2 Schütz/Müller, MMR 1999, 128 (131).

3 Doll/Wieck, Analytische Kostenmodelle als Grundlage für Entgeltregulierungsentscheidungen, MMR 1998, 280 (280 f.).

geschlossen werden), sondern reale im Wettbewerb stehende Unternehmen als Vergleichsbasis bei der Beurteilung der Kosten im Hinblick auf ihre Effizienz im Vordergrund stehen sollen."[1] Darin werden theoretische Modellrechnungen demnach "nicht ausgeschlossen", aber auch nicht explizit gefordert. Sie sind demzufolge mit dem Telekommunikationsgesetz und der Telekommunikations-Entgeltregulierungsverordnung vereinbar.[2]

(III) Modellarten

Unabhängig von der konkreten Ausgestaltung folgen grundsätzlich alle analytischen Kostenmodelle der gleichen Funktionsweise.[3]

(1) Gemeinsame Funktionsweise

Zunächst erfolgt eine Reduktion des komplexen Produktionsprozesses für Telekommunikationsdienstleistungen auf eine begrenzte Anzahl von Beziehungen zwischen eingesetzten Produktionsfaktoren und Leistungen.[4] Das Leistungsangebot erfährt dabei ebenfalls eine Einschränkung auf wenige Telekommunikationsdienstleistungen, die von vornherein definiert werden.[5]

Modelliert werden jeweils ausschließlich die Kosten einzelner Ortsnetze. In diesem Zusammenhang erfolgt zunächst die Bestimmung der Nachfrage und deren Verteilung in einer geographischen Fläche. Im Anschluss daran werden nach der exogen vorgegebenen oder per Simulation modellierten optimalen Festlegung von Produktionsverfahren und anhand von Ingenieursregeln sowohl eine Netzstruktur als auch das Investitionsvolumen festgelegt, das erforderlich ist, um die bestimmte Nachfrage effizient zu befriedigen. Das dementsprechend ermittelte Investitionsvolumen erfährt dann eine Bewertung zu Tagespreisen oder Wiederbeschaffungszeitwerten. Zusätzlich werden Betriebskosten errechnet. Anschließend werden die Betriebskosten und die Investitionskosten unter Berücksichtigung von Abschreibungen und kalkulatorischer Verzinsung auf das eingesetzte

1 Amtliche Begründung zum Entwurf einer Verordnung über die Regulierung von Entgelten im Telekommunikationsbereich - TEntgV, Stand: 8.8.1996, BMPT, Bonn 1996, S. 14.

2 Vgl. auch Spoerr, in: Trute/Spoerr/Bosch, Kommentar, TKG, § 24 Rdnr. 25.

3 Doll/Wieck, Analytische Kostenmodelle als Grundlage für Entgeltregulierungsentscheidungen, MMR 1998, 280 (284).

4 Vgl. Wissenschaftliches Institut für Kommunikationsdienste GmbH, Referenzdokument "Ein analytisches Kostenmodell für das Ortsnetz" vom 04.03.1998, Ziffer 1, S. 2.

5 Albach/Knieps, Kosten und Preise in wettbewerblichen Ortsnetzen, S. 28.

Produktivkapital in annualisierte Kosten umgerechnet. Zuletzt werden die Kosten einzelnen Telekommunikationsdienstleistungen zugerechnet.[1]

Abgesehen von derartigen Gemeinsamkeiten unterscheiden sich die unterschiedlichen Kostenmodelle doch erheblich in ihrer zugrundeliegenden Modellphilosophie, deren konkreter Umsetzung in der Modellmechanik via Formeln und logischen Zusammenhängen einzelner Module sowie bezüglich der verwendeten Inputdaten.[2] Insoweit lässt sich jedoch grundsätzlich hinsichtlich der Methodik der Kostenmessung feststellen, dass parallel zwei alternative Ansätze verfolgt werden, und zwar einerseits die Bottom-up-Kostenmodelle sowie andererseits die Top-down-Kostenmodelle.[3]

(2) Bottom-up-Kostenmodell

Der Bottom-up-Ansatz modelliert Teile eines Netzwerkes und dessen Kosten von der Nachfrageseite her kommend und damit quasi "von unten".[4] Demgemäß unternimmt der Ansatz den Versuch, mit Hilfe von Ingenieursregeln zu bestimmen, welche Netzwerkelemente erforderlich sind, um eine bestimmte Nachfrage effizient zu befriedigen.[5]

Die Stärken des Bottom-up-Ansatzes auf der Basis des in Großbritannien von OFTEL entwickelten Kostenmodells bestehen darin, dass dessen Konzept leicht zu verstehen ist, da es die Ortsnetzkomponenten aus Bausteinen zusammensetzt. Des Weiteren fokussiert es auf die bedeutendsten Kostentreiber, wobei die Kostenverursacher mit den wichtigsten Netzplanungsparametern übereinstimmen, d.h. sie bilden hier dieselben Größen, die die Netzdimensionen bei der Netzplanung beeinflussen, also Anschlussdichte, Spitzenlast-Anrufversuche, etc. Dadurch erfolgt eine klare Herausarbeitung der Kostenverursachung. Folglich vermittelt der Ansatz gleichzeitig einen direkten Einblick in die relevanten Zusam-

1 Witte, in: Scheurle/Mayen, Kommentar zum TKG, § 24 Rdnr. 29 ff.; vgl. im Einzelnen Wissenschaftliches Institut für Kommunikationsdienste GmbH, Referenzdokument "Ein analytisches Kostenmodell für das Ortsnetz" vom 04.03.1998 i.V.m. Referenzdokument 2.0 "Analytisches Kostenmodell Anschlussnetz" vom 08.11.2000.

2 Doll/Wieck, Analytische Kostenmodelle als Grundlage für Entgeltregulierungsentscheidungen, MMR 1998, 280 (284 f.).

3 Marschall, Interconnection, 3. Kapitel B. IV. 1. c) bb) (3); Spoerr, in: Trute/Spoerr/Bosch, Kommentar, TKG, § 24 Rdnr. 42; Schütz/Müller, MMR 1999, 128 (132).

4 Stamm, Die Entgeltregulierung im TKG, Abschnitt D. III. 2. c) bb); Schuster/Stürmer, in: Beck'scher TKG-Kommentar, Anhang § 27, § 3 TEntgV Rdnr. 31.

5 Doll/Wieck, Analytische Kostenmodelle als Grundlage für Entgeltregulierungsentscheidungen, MMR 1998, 280 (281 f.); Marschall, Interconnection, 3. Kapitel B. IV. 1. c) bb) (3).

menhänge und somit ein erhöhtes Maß an Transparenz und Öffentlichkeit der Kostenmessung.

Seine spezifischen Schwächen und Ungenauigkeiten resultieren aber gleichzeitig aus dieser geringeren Komplexität. Die damit einhergehende Vereinfachung führt zur Aggregation und Pauschalierung der Kosten, so dass das Bottom-up-Kostenmodell die Kosten-Volumen-Beziehungen beispielsweise nicht detailliert abbildet. Direkte und indirekte Kapitalkosten werden ohne Differenzierung in einem Block ermittelt. Betriebskosten werden pauschaliert, d.h. sie gehen ausschließlich anhand extern festgestellter Schätzwerte in das Modell ein, obwohl sie einen hohen Anteil an den Kosten bilden. Dadurch können sie beträchtliche Fehler bei der Kostenermittlung verursachen. Darüber hinaus verwendet das Bottom-up-Kostenmodell zahlreiche Annahmen, die nicht im Einzelnen modelliert und geprüft werden.[1] Innerhalb des Bottom-up-Ansatzes lassen sich grundsätzlich drei Szenarien der Netzentwicklung unterscheiden:[2]

(a) New-Strategie

Unter New-Strategie ist ein Szenario zu verstehen, dass ein Ortsnetz von Grund auf neu geplant und aufgebaut wird. Einer solchen Annahme folgt beispielsweise der Greenfield-Ansatz respektive der Scorched-earth-Ansatz.[3]

Einem solchen Ansatz könnte es jedoch an Praktikabilität mangeln. Nach Maßgabe des § 24 Abs. 1 S. 1 TKG haben sich regulierte Entgelte an den Kosten der effizienten Leistungsbereitstellung zu orientieren, die sich gemäß § 3 Abs. 2 TEntgV aus den langfristigen zusätzlichen Kosten der Leistungsbereitstellung und einem angemessenen Zuschlag für leistungsmengenneutrale Gemeinkosten ergeben, jeweils einschließlich einer angemessenen Verzinsung des eingesetzten Kapitals, soweit diese Kosten für die Leistungsbereitstellung notwendig sind. Die Aufgabe eines Kostenmodells besteht somit darin, den Begriff der Kosten der effizienten Leistungsbereitstellung zu konkretisieren und dabei einen angemessenen Zuschlag für leistungsmengenneutrale Gemeinkosten zu berücksichtigen.[4]

Mit dem insoweit verwendeten Begriff der Langfristigkeit könnte der Gedanke verbunden werden, dass langfristig – wenn der Zeitraum nur lang genug ist – alle Produktionsfaktoren als variabel gelten. Eine effiziente Produktion zeichne sich dadurch aus, dass die Herstellung einer gegebenen Produktionsmenge durch die kostenminimale Kombination der Produktionsfaktoren erfolge. Demzufolge

1 Vogelsang, Analytische Kostenmodelle - ein notwendiges Übel, MMR 1998, 594 (596 f.).
2 Reed, S. 1.
3 Albach/Knieps, Kosten und Preise in wettbewerblichen Ortsnetzen, S. 20.
4 Schütz/Müller, MMR 1999, 128 (132).

könnten Unternehmen theoretisch ein neues, optimales Netzwerk quasi auf der grünen Wiese errichten. Entsprechend dem sogenannten Greenfield-Ansatz bildet demnach ein hypothetisches Netzwerk eines potentiellen Newcomers die Grundlage für die Kostenberechnung.[1]

Gegen einen solchen Ansatz spricht, dass eine Entgeltregulierung nach Maßgabe des Greenfield-Ansatzes negative Auswirkungen auf den Infrastrukturwettbewerb hätte. Denn die Wettbewerber könnten nicht einmal theoretisch besser und effizienter produzieren. d.h. ein Netzwerk aufbauen und betreiben. Ein Markteintritt wäre auf Grund des zu niedrigen Preisniveaus daher kaum möglich. Für die neu in den Markt eintretenden Unternehmen bestünde dagegen ein erhöhter Anreiz, vorhandene Netzstrukturen zu Preisen der effizientesten Technologie und Bereitstellung zu nutzen, anstatt eigene Investitionen in Netzinfrastruktur zu tätigen. Eine solche Entwicklung widerspricht aber gerade dem Ziel, einen nachhaltigen Wettbewerb zu fördern.[2]

Dem steht wiederum entgegen, dass dennoch ein Anreiz zu Investitionen in eine eigene Infrastruktur bestehen könnte. Jeder Wettbewerber überprüft eine neue Zugangstechnologie daraufhin, ob es für ihn rentabel sei, in diese noch nicht bewährte Technologie zu investieren. Soweit dies kostengünstiger zu sein verspricht als der Zugang zur Teilnehmeranschlussleitung der Deutschen Telekom AG zu Kosten der effizientesten bewährten Technologie, resultiert daraus ein Anreiz zu Investitionen in diese neue Technologie.

Des Weiteren bestehen neben dem Preis für Wettbewerber außerdem weitere wichtige Anreize für Investitionen in eine eigene Netzinfrastruktur, die sich unter dem Begriff der Funktionsherrschaft zusammenfassen lassen. Darunter ist die Möglichkeit zu eigener Qualitätskontrolle, höherem Gestaltungsspielraum bei der Diensteentwicklung, einem Angebot neuer integrierender Dienste, Service Level Agreements nach eigenen Maßstäben, unabhängiger Preisgestaltung von den Switched Interconnect Tarifen etc. zu verstehen.

Letztendlich könnte es beispielsweise auf Grund volkswirtschaftlicher Ineffizienz regulatorisch gar nicht beabsichtigt sein, dass ein Wettbewerber flächendeckend Teilnehmeranschlussleitungen dupliziert, um seine Kunden zu erreichen, da es sich insoweit sowie bei regulierten Dienstleistungen im Allgemeinen überwiegend um Bottleneck-facilities handele.[3] Einerseits impliziert eine solche Aussage aber unrichtigerweise, dass im Ortsnetz ein natürliches Monopol bestehe. Andererseits ist es u.a. Ziel der Regulierung, einen funktionsfähigen Wettbewerb

---

1 Mellewigt/Theissen, MMR 1998, 589 (590 f.).

2 Doll/Wieck, Analytische Kostenmodelle als Grundlage für Entgeltregulierungsentscheidungen, MMR 1998, 280 (286).

3 Mellewigt/Theissen, MMR 1998, 589 (591).

und damit Service- und Infrastrukturwettbewerb auch im Ortsnetz sicherzustellen.

In diesem Zusammenhang stellt die Preishöhe einen Faktor von entscheidender Bedeutung dar. Insoweit muss der Preis sicherstellen, dass sowohl für das regulierte Unternehmen als auch für Wettbewerber ausreichende Investitionsanreize - also die Möglichkeit zur Amortisation getätigter Investitionen - bestehen.[1]

Gegen den Greenfield-Ansatz spricht jedoch auch, dass theoretisch jeder Netzbetreiber also jederzeit und immer wieder sein bestehendes Netzwerk durch ein neues mit "bester" Technologie, optimaler Netztopologie und optimaler Anpassung an die jeweilige Nachfrage ersetzen müsste. Die praktische Konsequenz wäre, dass einmal getätigte Investitionen unter Umständen nicht mehr amortisiert werden könnten. Ein damit verbundener negativer Effekt auf die Investitionsbereitschaft von etablierten und neu in den Markt eintretenden Netzbetreibern ist demzufolge nicht auszuschließen.[2]

Dem könnte entgegengehalten werden, dass ein Unternehmen bei seiner Investitionsplanung sicherlich nicht seinen derzeitigen Zustand außer Acht lassen könne, daraus aber nicht zwangsläufig zu folgern sei, dass die Deutsche Telekom AG sofort eine Änderung der Netzstruktur vorzunehmen hat, sofern im Modell eine effizientere Netzstruktur als die bei der Deutschen Telekom AG real existierende in Ansatz gebracht wird. Vielmehr unterliege die Art und Weise der Produktion der Dienstleistungen der unternehmerischen Freiheit, da es sich bei den Kosten der effizienten Leistungsbereitstellung lediglich um einen Preismaßstab und nicht um eine Produktionsvorgabe handele. Sofern die Deutsche Telekom AG ihre tatsächlichen Kosten aber auf ein effizientes Niveau reduzieren möchte, habe sie vielmehr in ihrer Kostenrechnung ihre Anlagegüter in früheren Perioden soweit ökonomisch abzuschreiben, dass ihre derzeitigen Kosten den Kosten eines effizienten Netzbetreibers entsprechen.[3]

Preismaßstab und Produktionsvorgabe sind jedoch nicht trennbar. Denn der Begriff der "Effizienz" ist im Sinne einer "workable efficiency" zu verstehen. Demzufolge müssen bei der Prüfung der Kosten der effizienten Leistungsbereitstellung nicht hypothetische, sondern solche Produktionsmethoden herangezogen werden, die unter den gegebenen Bedingungen von realen Firmen effizient umgesetzt werden können.

Daraus resultiert beispielsweise, dass allgemein geltende rechtliche Vorschriften für Sicherheitsstandards bei der Kostenermittlung Beachtung finden

---

1 Doll/Wieck, Eingeschränkte Aussagekraft von analytischen Kostenmodellen, Eine Replik, MMR 1998, 659 (662).

2 Doll/Wieck, Analytische Kostenmodelle als Grundlage für Entgeltregulierungsentscheidungen, MMR 1998, 280 (286).

3 Mellewigt/Theissen, MMR 1998, 598 (591 f.).

müssen. Demgemäß ist auch ein Effizienzbegriff abzulehnen, der davon ausgeht, dass ein Telekommunikationsanbieter sein Netz jederzeit durch ein neues Netz mit bester Technologie, optimaler Netztopologie und optimaler Anpassung an die jeweilige Nachfrage ersetzen kann. Maßgebend ist die zeitliche Irreversibilität und folglich ein sukzessives "Upgrading" der Investitionsplanung.[1]

Darüber hinaus verbinden sich mit einer als "effizient" definierten Produktionsstruktur bestimmte Kosten. An diesen Kosten der effizienten Leistungsbereitstellung orientieren sich andererseits die Preise. Insofern kommt eine Trennung von Preismaßstab und Produktionsvorgabe nicht in Betracht.[2]

Des Weiteren spricht gegen den Greenfield-Ansatz, dass sich Wettbewerb in der Praxis in einer realen, nicht perfekten Welt vollzieht, d.h. es existieren etwa übliche Prognosefehler. Zudem treffen alle Unternehmen ihre Investitionsentscheidungen für einen vorhersehbaren Planungshorizont, da nur dieser realistischerweise Grundlage für unternehmerische Entscheidungen sein kann. Demnach kann auch nur in diesem Sinne der Begriff "langfristig" definiert werden.

Bei einer langfristigen Betrachtungsweise im Sinne eines vorhersehbaren Planungshorizontes entspricht der Umfang der zusätzlichen Leistungsbereitstellung der gesamten absetzbaren Produktionsmenge einer Leistung. Die prognostizierte gesamte Nachfrage nach dieser Leistung beziffert folglich den Umfang der zusätzlichen Leistungsbereitstellung. Die genauesten Prognosen über die Nachfrageentwicklung lassen sich auf der Grundlage der bestehenden Nachfragestruktur treffen. Bezogen auf eine Leistungseinheit werden die langfristigen Durchschnittskosten der zusätzlichen Leistungsbereitstellung berechnet.

Auch setzte die Anwendung des Greenfield-Ansatzes belastbare Informationen über die Entwicklung des Nachfrageverhaltens für das jeweils betrachtete geographische Gebiet und über die Leistungsfähigkeit und die Kostenstrukturen "bester" Technologie voraus, die erst nach dem erstmaligen Einsatz im Markt und mit entsprechendem Zeitverzug verfügbar sein können. Infolgedessen stellt sich der Greenfield-Ansatz zunächst als ein rein theoretisch-akademischer Ansatz dar, der hinsichtlich der praktischen Anwendung allerdings als ungeeignet zu bewerten ist.[3]

Maßgebend für einen ökonomisch fundierten Ansatz sind daher die Kosten für Ortsnetze, die in einer realen, nicht perfekten Welt innerhalb eines vorhersehbaren Planungshorizontes unter Wettbewerbsbedingungen tatsächlich installiert

---

1 Doll/Wieck, Eingeschränkte Aussagekraft von analytischen Kostenmodellen, Eine Replik, MMR 1998, 659 (660).

2 Doll/Wieck, Eingeschränkte Aussagekraft von analytischen Kostenmodellen, Eine Replik, MMR 1998, 659 (661).

3 Doll/Wieck, Analytische Kostenmodelle als Grundlage für Entgeltregulierungsentscheidungen, MMR 1998, 280 (286).

und betrieben werden könnten.[1] Daraus resultiert die Beachtung von Pfadabhängigkeit bei der Kostenermittlung. Danach bildet die existierende Netzstruktur den Ausgangspunkt für einen effizienten Anpassungspfad.[2] Eine solche Annahme legen die beiden anderen Szenarien der Netzentwicklung zugrunde.[3]

(b) Rebuild-Strategie

Bestehende Netze werden ausgehend von der bestehenden Netztopologie vollständig erneuert und durch neue Einrichtungen ersetzt.

(c) Upgrade-Strategie

Unter Upgrade-Strategie ist der Ausbau bestehender Ortsnetze zu verstehen, beispielsweise durch Ersatz analoger Vermittlungseinrichtungen durch digitale Vermittlungseinrichtungen und/oder Austausch von Kupferkabeln durch Glasfaserkabel. Dabei verbleiben Teile der bestehenden Infrastruktur weiterhin im Gebrauch.

Das beispielsweise in Großbritannien in der Studie von Oftel[4] entwickelte Bottom-up-Kostenmodell legt den sogenannten Scorched-node-Ansatz zugrunde, der von einer Berechnung der zusätzlichen Kosten auf der Basis der aktuellen Netztopologie ausgeht. Dabei gehen Zahl und Lage der British Telecom Vermittlungsstellen als gegeben in das Modell ein, da insoweit unterstellt wird, dass eine Veränderung des Gesprächsvolumens zwar den Umfang der Vermittlungskapazitäten, nicht jedoch die tatsächliche Anzahl und Positionierung der Vermittlungseinrichtungen beeinflusst. Dieser Scorched-node-Ansatz wendet sich damit gegen einen vollständig neuen Netzaufbau, lässt jedoch offen, ob die zusätzlichen Kosten auf der Basis von Rebuild- oder Upgrade-Strategien berechnet werden.[5]

(3) Top-down-Kostenmodell

Der sogenannte Top-down-Ansatz verwendet das Rechnungswesen des jeweiligen Telekommunikationsunternehmens als Ausgangspunkt, das die aggregierten, tatsächlichen und gesamten Kosten, d.h. Kapitalkosten für die physischen Netz-

---

1 Albach/Knieps, Kosten und Preise in wettbewerblichen Ortsnetzen, S. 21.
2 Doll/Wieck, Analytische Kostenmodelle als Grundlage für Entgeltregulierungsentscheidungen, MMR 1998, 280 (286).
3 Albach/Knieps, Kosten und Preise in wettbewerblichen Ortsnetzen, S. 20.
4 Oftel, The Methodology to Calculate Long Run Incremental Costs, 9.
5 Albach/Knieps, Kosten und Preise in wettbewerblichen Ortsnetzen, S. 20.

werkelemente und die Prozesskosten, beinhaltet.[1] Quasi "von oben" werden diese Kosten dann anhand von Kostentreibern immer feiner aufgeschlüsselt, um sie einzelnen Telekommunikationsdiensten zurechnen zu können.[2] Dabei werden nicht-inkrementelle Kosten identifiziert und abgezogen.[3]

Der Top-down-Ansatz verfügt ebenso wie der Bottom-up-Ansatz über eine Reihe von Stärken und Schwächen. Positiv zu vermerken ist zunächst, dass es das Modell ermöglicht, die ganze Komplexität einer großen Telefongesellschaft zu erfassen. Zudem besteht eine weitere Stärke des Top-down-Ansatzes in seiner Detaillierung, die auf dem unternehmereigenen Rechnungswesen und den internen Daten basiert. Dadurch können Kosten-Volumen-Beziehungen auf einem disaggregierten Niveau genau und verursachungsgerecht ermittelt werden. Darüber hinaus können indirekte Kostenwirkungen von Volumenänderungen beispielsweise auf verschiedene Betriebskosten gut erfasst werden.[4]

Die Schwäche des Top-down-Ansatzes resultiert aber gleichzeitig auch aus seiner erhöhten Komplexität, wodurch er weniger transparent und für Außenstehende schwieriger nachvollziehbar ist. Des Weiteren ist das Aggregationsniveau trotz der Komplexität oft zu hoch und undurchsichtig.[5] Demzufolge lässt sich zusammenfassend konstatieren, dass sich grundsätzlich keiner dieser Ansätze – mit Ausnahme des abzulehnenden Greenfield-Ansatzes – dem anderen gegenüber als methodisch überlegen darstellt.

(IV) Grundlage für Entgeltregulierungsentscheidungen

Zu prüfen ist somit, ob sich analytische Kostenmodelle als Grundlage von Regulierungsentscheidungen über die Höhe von Netzzugangs- und Zusammenschaltungsentgelten eignen. Nach einer in der Literatur vertretenen Auffassung handelt es sich insbesondere bei Bottom-up-Kostenmodellen um ein geeignetes Mittel zur Klärung der Frage, ob sich beantragte Entgelte an den Kosten der effizienten Leistungsbereitstellung orientieren, da durch sie die Kostensituation eines bereits in einem Wettbewerbsmarkt agierenden, Effizienzkriterien genügenden Unter-

1 Stamm, Die Entgeltregulierung im TKG, Abschnitt D. III. 2. c) bb); Doll/Wieck, Analytische Kostenmodelle als Grundlage für Entgeltregulierungsentscheidungen, MMR 1998, 280 (282).
2 Spoerr, in: Trute/Spoerr/Bosch, Kommentar, TKG, § 24 Rdnr. 43; Schütz/Müller, MMR 1999, 128 (132); Marschall, Interconnection, 3. Kapitel B. IV. 1. c) bb) (3).
3 Doll/Wieck, Analytische Kostenmodelle als Grundlage für Entgeltregulierungsentscheidungen, MMR 1998, 280 (282).
4 Vogelsang, Analytische Kostenmodelle - ein notwendiges Übel, MMR 1998, 594 (596).
5 Albach/Knieps, Kosten und Preise in wettbewerblichen Ortsnetzen, S. 32.

nehmens simuliert werden kann. Insoweit reflektierten sie optimal den Begriff der Kosten der effizienten Leistungsbereitstellung und seien daher als Instrument zur Überprüfung der von einem marktbeherrschenden Lizenznehmer vorzulegenden Kostennachweise in hohem Maße geeignet, so dass es sich bei solchen Kostenmodellen langfristig um das Kerninstrument der Entgeltregulierung im Telekommunikationssektor handele. Systematisch fänden demnach analytische Kostenmodelle nicht nur im Rahmen einer subsidiären Prüfung nach § 3 Abs. 3 TEntgV Anwendung, sondern sie bildeten den eigentlichen Kern der Überprüfung der Kostennachweise nach Maßgabe des § 3 Abs. 1 TEntgV.[1]

Nach der ebenfalls in der Literatur vertretenen, entgegengesetzten Ansicht können ökonomisch-technische Kostenmodelle die komplexe Realität notwendig nur begrenzt widerspiegeln, obwohl sie weitreichende Kenntnisse und einen erheblichen Rechenaufwand erfordern. Die Computermodellierungen seien in der Regel sehr aufwendig und demgemäß zumeist mit stark vereinfachenden Modellannahmen verbunden, so dass sie der komplexen Problematik einer Netzplanung nur bedingt gerecht werden. Es sei nicht ausgeschlossen, dass insbesondere auf Grund der unzureichenden Berücksichtigung einer Vielzahl von Einflussfaktoren zu niedrige Kosten ausgewiesen werden.[2]

Des Weiteren fokussierten Ingenieur-Optimierungsansätze auf die Modellierung des technischen Produktionsprozesses. Sie vernachlässigten überwiegend die Betriebs-, Marketing- und Verwaltungskosten.[3] Naturgemäß ignorierten Ingenieurmodelle die in der Realität üblichen Abweichungen von optimalen Kostenstrukturen durch Planungs-, Transaktions- und Kontrollkosten. Sie seien daher kaum zur Ermittlung von Kosten real im Wettbewerb operierender Netzbetreiber geeignet. Die eingesetzte Modellmechanik beinhalte überdies die Gefahr, dass kleinste Parameteränderungen oder Fehler beispielsweise bei der Nachfrageermittlung zu gravierenden Ergebnisdifferenzen führen.[4]

Bedeutung und Stellenwert von Bottom-up-Kostenmodellen sollten mit dem Grad ihrer Eignung als Instrument zur Ermittlung der Kosten der effizienten Leistungsbereitstellung korrespondieren. Kostenmodelle besitzen wegen ihrer inhärenten Schwächen nur bedingte Aussagekraft und können daher nicht unkritisch als Maßstab für Entgeltregulierungsentscheidungen herangezogen werden.

---

1 Mellewigt/Theissen, MMR 1998, 589 (590).

2 Doll/Wieck, Analytische Kostenmodelle als Grundlage für Entgeltregulierungsentscheidungen, MMR 1998, 280 (285).

3 Albach/Knieps, Kosten und Preise in wettbewerblichen Ortsnetzen, S. 28; Etling-Ernst, Praxiskommentar zum TKG, TEntgV, Rdnr. 33.

4 Doll/Wieck, Analytische Kostenmodelle als Grundlage für Entgeltregulierungsentscheidungen, MMR 1998, 280 (285).

Ein Wettbewerbspreis lässt sich nicht mit wissenschaftlichen Methoden berechnen. Selbst wenn gewisse Mindestanforderungen hinsichtlich Modellphilosophie, Modellmechanik und der Güte der verwendeten Inputdaten eingehalten werden, dürfen bei der Verwendung von Modellergebnissen die Unzulänglichkeiten von Kostenmodellen nicht unberücksichtigt bleiben. Analog zur Vergleichbarkeit von Vergleichsmarktuntersuchungen käme zumindest in Betracht, einer solchen Konstellation mit entsprechenden Auf- bzw. Abschlägen Rechnung zu tragen.[1]

Analytische Kostenmodelle verfügen zwar insoweit über eine Berechtigung, als mit ihnen Erkenntnisse über Zusammenhänge bei der Entstehung von Netzkosten gewonnen werden können. Die unmittelbare Tauglichkeit von Modellergebnissen zur Regulierung von Entgelten ist allerdings im Hinblick auf deren begrenzten Aussagewert abzulehnen. Auf Grund der aufgezeigten Schwächen von analytischen Kostenmodellen kommt daher nur eine begrenzte Anwendung als Referenzmodell in Betracht, um vorgelegte Kostennachweise zu bewerten. Sie stellen lediglich ein zusätzliches Hilfsmittel neben dem Vergleichsmarktverfahren gemäß § 3 Abs. 3 TEntgV dar.[2]

(V) Kostenrechnungssysteme versus analytische Kostenmodelle

Es fragt sich jedoch, ob die verbleibende Funktion analytischer Kostenmodelle als ergänzendes Hilfsmittel den damit verbundenen Aufwand rechtfertigt. Denn eine sachgerechte Auseinandersetzung mit der komplexen Thematik der Kostenermittlung erfordert umfangreiche und detaillierte Analysen und Diskussionen. So bedarf es vor dem Einsatz von analytischen Kostenmodellen der Klärung zweier grundsätzlicher Aspekte. Einerseits muss klar definiert sein, für welche Leistungen Kosten errechnet werden sollen. Andererseits muss Einverständnis über den verwendeten Kostenbegriff erzielt werden, d.h. für welchen Kostenstandard Erkenntnisse mit dem Modell gewonnen werden sollen.[3]

Der Versuch der Herstellung eines Einvernehmens über ein allen Interessen gerecht werdendes Kostenmodell darf aber aus folgenden Gründen als relativ aussichtslos betrachtet werden:

---

1 Vgl. auch Spoerr, in: Trute/Spoerr/Bosch, Kommentar, TKG, § 24 Rdnr. 25.

2 Zur Sonderproblematik der Bestimmung der Kosten der effizienten Leistungsbereitstellung im Falle der Vorlage unvollständiger Kostennachweise vgl. im Einzelnen die folgende Darstellung unter D.

3 Doll/Wieck, Analytische Kostenmodelle als Grundlage für Entgeltregulierungsentscheidungen, MMR 1998, 280 (285 f.).

- Unabhängig von der konkreten Ausgestaltung des Kostenmodells werden sich die Wettbewerber zu Recht nicht auf den Einsatz einer bestimmten Netzarchitektur und bestimmter Technologien festlegen lassen. Denn Netz- und Technologievielfalt bilden die Motoren der dynamischen Telekommunikation und können durch einen Rückgriff auf einen einzigen "repräsentativen" Typus nicht widergespiegelt werden.
- Ausschließlich der etablierte Anbieter allein kann im Rahmen unternehmerischer Costing- and Pricing-Entscheidungen den graduellen Prozess der Weiterentwicklung seiner Netze steuern. Punktuelle Netzverbesserungsvorschläge und damit einhergehende alternative Kostenkalkulationen seitens der Wettbewerber können lediglich das jeweilige Meinungsbild darstellen.
- Letztlich bildet die Ermittlung der Kosten der effizienten Leistungsbereitstellung eine genuin unternehmerische Aufgabe. Entscheidungen über Preissetzung, Marketing, Produktdesign und Sortimentgestaltung sowie Investitionen stellen wichtige Managemententscheidungen dar[1], die zwangsläufig eine leistungsfähige, entscheidungsorientierte Kostenrechnung zur Erzeugung der relevanten Kosteninformationen erfordern. Insoweit ist die unternehmerische Perspektive in die Zukunft gerichtet, wobei in Abhängigkeit von den erwarteten Marktchancen eine regelmäßige Neubewertung der Anlagenbestände sowie die Anpassung der ökonomischen Abschreibungen zu erfolgen hat. Konkurrenz, sich änderndes Kundenverhalten sowie technologische Entwicklung stellen stetige Einflussfaktoren auf die unternehmerischen Entscheidungen bezüglich Costing und Pricing auf wettbewerblichen Telekommunikationsmärkten dar.[2] In diesem Zusammenhang stellen sich allerdings die unternehmerischen Entscheidungssituationen des etablierten Netzbetreibers auf Grund der zeitlichen Irreversibilität (Pfadabhängigkeit) bereits getätigter Investitionen[3] verschieden von den Investitionsentscheidungen der (potentiellen) Marktneulinge dar, die naturgemäß größere Freiheitsgrade beim Aufbau neuer Netze besitzen.[4]

Demzufolge lässt sich abschließend feststellen, dass dem Versuch, die Kostenrechnung aus der Hand der unternehmerischen Entscheidungsträger zu nehmen, die Überzeugung zugrunde liegt, dass eine von der unternehmerischen Einschätzung unabhängige, "objektive" Kostenrechnung existiert. Da aber wichtige Kostenelemente einer regelmäßigen Neubestimmung entsprechend der jeweiligen

1 Etling-Ernst, Praxiskommentar zum TKG, TEntgV, Rdnr. 33.
2 Knieps, MMR 1998, 598 (601 f.).
3 Vgl. Hefekäuser, MMR 1999, 144 (149).
4 Knieps, MMR 1998, 598 (601).

unternehmerischen Einschätzung der zukünftigen Marktchancen unterliegen, kann es einen objektiven Maßstab für die Bestimmung effizienter Kosten nicht geben.[1] Darüber hinaus muss eine solche Erwartungsbildung demjenigen Unternehmen vorbehalten sein, das auch die Konsequenzen der darauf aufbauenden Entscheidungen zu verantworten hat.

Des Weiteren schaffen analytische Kostenmodelle eine künstliche Referenzwelt, die weder mit den unternehmerischen Entscheidungssituationen des etablierten Anbieters noch mit denjenigen der Wettbewerber etwas zu tun hat. Da insoweit auch die Möglichkeit besteht, dass sich die Vorgaben (Annahmen, Modellkonzeptionen etc.) als Rückkoppelung auf die reale Weiterentwicklung von Ortsnetzen auswirken, führte dies zwangsläufig zu unternehmerischen Fehlentscheidungen und zu volkswirtschaftlich inferioren Lösungen.[2]

Folglich sollte als Grundlage für Entgeltregulierungsentscheidungen anstelle von analytischen Kostenmodellen auf die Kostenrechnungssysteme der Unternehmen zurückgegriffen werden.[3] Derartige Kostenrechnungssysteme und die damit generierten Kostennachweise stellen sich als wesentlich genauer und aussagekräftiger als die Resultate analytischer Kostenmodelle dar. Denn einerseits ist ihr Aufbau detaillierter und komplexer und andererseits werden sie mit konsistenten und genauen Kostendaten gespeist, da das Kostenrechnungssystem vorrangig der Unternehmenssteuerung hinsichtlich Investitionen, Pricing etc. dient. Um den Bedarf nach einem analytischen Kostenmodell als zusätzlichem Hilfsinstrument weiterhin zu relativieren, gilt es, die Weiterentwicklung des Kostenrechnungssystems des betroffenen Unternehmens zu einem detaillierten und auch für Regulierungszwecke geeigneten Kostenrechnungssystem voranzutreiben.

cc) Verbot von Aufschlägen, Abschlägen oder Sondervorteilen

Weiterhin dürfen gemäß § 24 Abs. 2 TKG die an den Kosten der effizienten Leistungsbereitstellung orientierten Entgelte keine Aufschläge, Abschläge oder Vorteile enthalten, es sei denn, dass sie ausnahmsweise gerechtfertigt sind:

- Im Einzelnen dürfen Entgelte keine Aufschläge enthalten, die nur auf Grund der marktbeherrschenden Stellung eines Anbieters auf dem jeweiligen Markt der Telekommunikation durchsetzbar sind (§ 24 Abs. 2 Nr. 1 TKG). Regelmäßig sind Aufschläge bei Entgelten für solche Leistungen anzunehmen, bei

1 Knieps, MMR 1998, 598 (599).
2 Knieps, MMR 1998, 598 (602); vgl. auch Wissmann, in: Wissmann, Praxishandbuch Telekommunikationsrecht, Kapitel 13 Rdnr. 105.
3 Vgl. auch Spoerr, in: Trute/Spoerr/Bosch, Kommentar, TKG, § 24 Rdnr. 39.

denen die Produktions- und Nachfragebedingungen keinen wesentlichen Wettbewerb erwarten lassen.[1] In diesem Zusammenhang können üblicherweise zwei Fallkonstellationen unterschieden werden. Einerseits stellt jeder Mehrbetrag, um den das Entgelt die Kosten der effizienten Leistungsbereitstellung übersteigt, einen Aufschlag dar.[2] Andererseits handelt es sich begriffsnotwendig auch dann um einen Aufschlag, wenn das Entgelt zwar den nachgewiesenen Kosten entspricht, diese aber höher als die Kosten der effizienten Leistungsbereitstellung sind.[3]

- Des Weiteren dürfen Entgelte keine Abschläge enthalten, die die Wettbewerbsmöglichkeiten anderer Unternehmen auf einem Markt der Telekommunikation beeinträchtigen (§ 24 Abs. 2 Nr. 2 TKG). Demzufolge enthalten Entgelte dann Abschläge, wenn das Entgelt die Kosten der effizienten Leistungsbereitstellung unterschreitet[4] oder wenn die Entgelte zwar den nachgewiesenen Kosten entsprechen, diese aber niedriger als die Kosten der effizienten Leistungsbereitstellung sind.[5] Die zweite Fallkonstellation ist beispielsweise dann gegeben, wenn bestimmte erforderliche Kosten nicht oder nicht in voller Höhe angesetzt werden.[6]
- Darüber hinaus dürfen Entgelte einzelnen Nachfragern keine Vorteile gegenüber anderen Nachfragern gleichartiger oder ähnlicher Telekommunikationsdienstleistungen auf dem jeweiligen Markt der Telekommunikation einräumen (§ 24 Abs. 2 Nr. 3 TKG). Dabei stellt das Vorteilseinräumungsverbot der Sache nach ein Diskriminierungsverbot dar, das die diskriminierende Erhebung von Entgelten untersagt.[7] Entgelte räumen einzelnen Nachfragern Vorteile gegenüber anderen ein, wenn einzelne Nachfrager von den Kostenbedingungen her gleichartige oder ähnliche Leistungen gegen ein geringeres Ent-

---

1 Holznagel/Enaux/Nienhaus, Grundzüge des Telekommunikationsrechts, § 8 V 2.

2 Witte, in: Scheurle/Mayen, Kommentar zum TKG, § 24 Rdnr. 90; Manssen, in: Manssen, Kommentar, TKG, Band 1, § 24 Rdnr. 18; Etling-Ernst, Praxiskommentar zum TKG, § 24 Rdnr. 11.

3 Moritz, RTkom 2000, 102 (106 f.).

4 Etling-Ernst, Praxiskommentar zum TKG, § 24 Rdnr. 13; Wissmann, in: Wissmann, Praxishandbuch Telekommunikationsrecht, Kapitel 13 Rdnr. 118.

5 Holznagel/Enaux/Nienhaus, Grundzüge des Telekommunikationsrechts, § 8 V 2.

6 Schuster/Stürmer, in: Beck'scher TKG-Kommentar, § 24 Rdnr. 41.

7 Manssen, in: Manssen, Kommentar, TKG, Band 1, § 24 Rdnr. 24; Witte, in: Scheurle/Mayen, Kommentar zum TKG, § 24 Rdnr. 93; Spoerr, in: Trute/Spoerr/Bosch, Kommentar, TKG, § 24 Rdnr. 74; Wissmann, in: Wissmann, Praxishandbuch Telekommunikationsrecht, Kapitel 13 Rdnr. 121; Gramlich, in: Heun, Handbuch Telekommunikationsrecht, Teil 3 Rdnr. 162; Etling-Ernst, Praxiskommentar zum TKG, § 24 Rdnr. 15.

gelt pro Einheit erhalten als andere Nachfrager.[1] Es können aber auch weitere Entgeltbedingungen, wie Rabatte oder Entgeltstrukturen, diskriminierend ausgestaltet sein.[2]

Abweichungen der Entgelte von den Kosten der effizienten Leistungsbereitstellung sind jedoch gemäß § 24 Abs. 2 letzter Halbsatz TKG ausnahmsweise dann zulässig, wenn das marktbeherrschende Unternehmen einen sachlich gerechtfertigten Grund für sie nachweisen kann. Auch insoweit ist eine Abwägung der Interessen vorzunehmen[3], die im Einzelfall erfolgt[4] und zweistufig strukturiert ist.[5] In einem ersten Schritt werden die abwägungsfähigen Interessen der Beteiligten festgestellt.[6] In diesem Zusammenhang kann die Verfolgung gesetzeswidriger Ziele oder die Durchsetzung von Verhaltensweisen, die im Widerspruch zu den Zwecken des Telekommunikationsgesetzes stehen, nicht zu einer sachlichen Rechtfertigung führen.[7] In einem zweiten Schritt werden die derart ermittelten Interessen bewertet und gegeneinander abgewogen.[8] Diese Bewertung erfolgt normativ, d.h. nicht isoliert, sondern unter Einbeziehung der Zwecke des Telekommunikationsgesetzes.[9]

II. Ausnahme: Berücksichtigung neutraler Aufwendungen

Abgesehen von den in § 24 Abs. 2 TKG normierten Anforderungen gelten nach § 3 Abs. 4 TEntgV die vom Unternehmen nachgewiesenen Kosten, soweit sie die Kosten der effizienten Leistungsbereitstellung übersteigen, als Aufwendungen, die für die effiziente Leistungsbereitstellung nicht notwendig und damit grundsätzlich im Rahmen der Entgeltgenehmigung nicht berücksichtigungsfähig sind.

---

1 Moritz, RTkom 2000, 102 (107).
2 Geppert/Ruhle/Schuster, Handbuch Recht und Praxis der Telekommunikation, Rdnr. 399.
3 Wissmann, in: Wissmann, Praxishandbuch Telekommunikationsrecht, Kapitel 13 Rdnr. 123; Etling-Ernst, Praxiskommentar zum TKG, § 24 Rdnr. 18.
4 Spoerr, in: Trute/Spoerr/Bosch, Kommentar, TKG, § 24 Rdnr. 80.
5 Schuster/Stürmer, in: Beck'scher TKG-Kommentar, § 24 Rdnr. 59.
6 Geppert/Ruhle/Schuster, Handbuch Recht und Praxis der Telekommunikation, Rdnr. 400.
7 Schuster/Stürmer, in: Beck'scher TKG-Kommentar, § 24 Rdnr. 61.
8 Schuster/Stürmer, in: Beck'scher TKG-Kommentar, § 24 Rdnr. 63 f.
9 Vgl. Gramlich, in: Heun, Handbuch Telekommunikationsrecht, Teil 3 Rdnr. 163; Witte, in: Scheurle/Mayen, Kommentar zum TKG, § 24 Rdnr. 97; Manssen, in: Manssen, Kommentar, TKG, Band 1, § 24 Rdnr. 28 ff.

Derartige Aufwendungen werden als „neutrale Aufwendungen“ bezeichnet.[1] Des Weiteren können aber auch „andere neutrale Aufwendungen“ (§ 3 Abs. 4 Satz 2 TEntgV) entstehen.

Einerseits müssen demzufolge die vom entgeltregulierten Unternehmen nachgewiesenen „Kosten“ mittels des Vergleichs mit den Kosten der effizienten Leistungsbereitstellung daraufhin untersucht werden, ob es sich tatsächlich um Kosten oder nicht vielmehr um neutralen Aufwand handelt.[2] Dabei sind nachgewiesene „Kosten“ beispielsweise deshalb als neutraler Aufwand zu bewerten, weil sie nicht sachzielbezogen, d.h. nicht unverzichtbar für die Erstellung der betrachteten Leistung sind.[3] Demgemäß kann ein Faktoreinsatz vom Unternehmen nachgewiesen werden, der über den für die effiziente Leistungsbereitstellung erforderlichen Faktoreinsatz hinausgeht, oder es kann sich um Faktoreinsatz handeln, der tatsächlich einer anderen als der betrachteten Leistungsbereitstellung zuzuordnen ist. Als Beispiel für neutralen Aufwand, der auf Grund einer vom Kostenbegriff abweichenden Bewertung des Güterverzehrs entsteht, kommen zu hohe Faktorpreise in Betracht (Ineffizienz der Einkaufsseite).[4]

Andererseits existieren aber auch neutrale Aufwendungen, die von vornherein vom Unternehmen als solche ausgewiesen werden, d.h. gar nicht in den nachgewiesenen Kosten erscheinen. Dabei kann es sich beispielsweise um einen nicht auf die betrachtete Periode bezogenen Güterverzehr[5] (z.B. eine Steuernachzahlung) oder um außerordentliche Güterverbräuche (z.B. die Zerstörung von Anlagen durch Feuer o.ä.) handeln. Derartige Aufwendungen werden in § 3 Abs. 4 TEntgV von der Kategorie der „anderen neutralen Aufwendungen“ erfasst.[6]

Nach Maßgabe des § 3 Abs. 4 Satz 2 TEntgV werden neutrale Aufwendungen im Rahmen der Entgeltgenehmigung nur berücksichtigt, soweit und solange hierfür eine rechtliche Verpflichtung besteht oder das beantragende Unternehmen eine sonstige sachliche Rechtfertigung nachweist. Demgemäß verlangt der Verordnungsgeber, dass die als neutrale Aufwendungen identifizierten Ausgaben des marktbeherrschenden Unternehmens daraufhin untersucht werden, ob sie als Ausnahme von dem Grundsatz der Orientierung der Entgelte an den Kosten der

---

1 Witte, in: Scheurle/Mayen, Kommentar zum TKG, § 27 Rdnr. 46.

2 Stamm, Die Entgeltregulierung im TKG, Abschnitt D. III. 2. d) aa); Schuster/Stürmer, in: Beck'scher TKG-Kommentar, Anhang § 27, § 3 TEntgV Rdnr. 34; Witte, in: Scheurle/Mayen, Kommentar zum TKG, § 24 Rdnr. 6.

3 Manssen, in: Manssen, Kommentar, TKG, Band 1, Anhang § 27, TEntgV Rdnr. 37.

4 Schuster/Stürmer, in: Beck'scher TKG-Kommentar, Anhang § 27, § 3 TEntgV Rdnr. 34.

5 Manssen, in: Manssen, Kommentar, TKG, Band 1, Anhang § 27, TEntgV Rdnr. 37.

6 Schuster/Stürmer, in: Beck'scher TKG-Kommentar, Anhang § 27, § 3 TEntgV Rdnr. 34; vgl. im Einzelnen die Darstellung unter B.II.

effizienten Leistungsbereitstellung in der Bestimmung der Entgelte berücksichtigt werden können.[1]

1. Bestimmung neutraler Aufwendungen

Bei den im Folgenden zum Gegenstand der Untersuchung gemachten Aufwendungen handelt es sich ausnahmslos um solche, die einen nicht sachzielbezogenen Güterverzehr umfassen, da sie nicht unverzichtbar für die Erstellung der jeweils zu betrachtenden Leistung sind. Sie stellen somit neutrale Aufwendungen dar.

Im Einzelnen werden zunächst aus dem Bereich der allgemeinen Personalaufwendungen die Aufwendungen für Personalüberhänge[2], für Personalabbau[3] und für den Anteil der „Personalgrund- und Personalnebenkosten", der deren durchschnittliche Höhe überschreitet[4], betrachtet. Daneben bilden Ausgleichszahlungen für Wohnungsfürsorgeleistungen an die Deutsche Post Wohnen GmbH[5], Verwaltungskosten-Erstattungen[6], Zuschüsse an die Postbeamtenkrankenkasse[7], Aufwendungen für die Bundesanstalt für Post und Telekommunikation Deutsche Bundespost[8], Aufwendungen für Krisenvorsorge und Zivilschutz[9] sowie Zuschüsse für die Museumsstiftung Post und Telekommunikation[10] weitere Untersuchungsschwerpunkte. Abschließend unterliegen Aufwendungen für Sozialanschlüsse und Sozialtarife[11], für das Förderprogramm Schulen ans Netz[12] sowie für die Telefonseelsorge[13] einer näheren Betrachtung.

---

1 Schuster/Stürmer, in: Beck'scher TKG-Kommentar, Anhang § 27, § 3 TEntgV Rdnr. 35.
2 Vgl. die folgende Darstellung unter C.II.2.a)aa).
3 Vgl. die folgende Darstellung unter C.II.2.a)bb).
4 Vgl. die folgende Darstellung unter C.II.2.a)cc).
5 Vgl. die folgende Darstellung unter C.II.2.b).
6 Vgl. die folgende Darstellung unter C.II.2.c).
7 Vgl. die folgende Darstellung unter C.II.2.d).
8 Vgl. die folgende Darstellung unter C.II.2.e).
9 Vgl. die folgende Darstellung unter C.II.2.f).
10 Vgl. die folgende Darstellung unter C.II.2.g).
11 Vgl. die folgende Darstellung unter C.II.3.a).
12 Vgl. die folgende Darstellung unter C.II.3.b).
13 Vgl. die folgende Darstellung unter C.II.3.c).

2. Rechtliche Verpflichtungen

Des Weiteren findet nach Maßgabe des § 3 Abs. 4 S. 2 TEntgV eine Berücksichtigung neutraler Aufwendungen im Rahmen der Entgeltgenehmigung nur statt, soweit und solange hierfür eine rechtliche Verpflichtung besteht oder das beantragende Unternehmen eine sonstige sachliche Rechtfertigung nachweist.

a) Personalaufwendungen

Bezüglich der Deutschen Telekom AG könnten gesetzliche Verpflichtungen aus den Privatisierungsfolgenregelungen des Postverfassungsgesetzes vom 8. Juni 1989[1] und des Gesetzes zur Neuordnung des Postwesens und der Telekommunikation (Postneuordnungsgesetz – PTNeuOG) vom 14. September 1994[2] resultieren, beispielsweise hinsichtlich der Besoldung der Beamten und der Versorgungslasten.[3]

aa) Aufwendungen für Personalüberhänge

Mögliche Effizienzsteigerungen im Rahmen von Prozessabläufen haben nur dann eine Kostenreduktion zur Folge, sofern parallel dazu eine Reduzierung des nicht mehr benötigten Personals erfolgt. Beamten-, tarifvertrags- und kündigungsschutzrechtliche Verpflichtungen der Deutschen Telekom AG könnten einen diesbezüglichen Personalabbau entweder verhindern oder ausschließlich unter erschwerten Bedingungen zulassen.[4]

Aufwendungen für Personalüberhänge können folglich im Rahmen der Entgeltgenehmigung nur berücksichtigt werden, soweit und solange hierfür u.a. eine derartige rechtliche Verpflichtung besteht. Dabei ist nach dem jeweiligen Status der Mitarbeiter der Deutschen Telekom AG nach Beamten und Arbeitnehmern zu differenzieren.

---

1 Gesetz über die Unternehmensverfassung der Deutschen Bundespost (Postverfassungsgesetz - PostVerfG) vom 8. Juni 1989, BGBl. I S. 1026, verkündet als Art. 1 des Gesetzes zur Neustrukturierung des Post- und Fernmeldewesens und der Deutschen Bundespost (Poststrukturgesetz - PostStruktG) vom 8. Juni 1989, BGBl. I S. 1026.

2 Gesetz zur Neuordnung des Postwesens und der Telekommunikation (Postneuordnungsgesetz - PTNeuOG) vom 14. September 1994, BGBl. I S. 2325, geändert durch Art. 2 des Begleitgesetzes zum Telekommunikationsgesetz (BegleitG) vom 17. Dezember 1997, BGBl. I S. 3108.

3 Manssen, in: Manssen, Kommentar, TKG, Band 1, Anhang § 27, TEntgV Rdnr. 38; Stamm, Die Entgeltregulierung im TKG, Abschnitt D. III. 2. d) bb).

4 Vgl. auch Witte, in: Scheurle/Mayen, Kommentar zum TKG, § 27 Rdnr. 48.

(A) Beamte

Dem in Art. 33 Abs. 5 GG verfassungsrechtlich verankerten hergebrachten Grundsatz des Berufsbeamtentums zur Anstellung auf Lebenszeit[1] war im Rahmen der Privatisierung der Deutschen Bundespost Telekom Rechnung zu tragen.[2] Insoweit kommt das sogenannte Beleihungsmodell zur Anwendung, das sowohl verfassungsrechtlich als auch durch das Postneuordnungsgesetz abgesichert ist.[3]

Gemäß Artikel 143 b Abs. 3 GG werden die bei der Deutschen Bundespost tätigen Bundesbeamten unter Wahrung ihrer Rechtsstellung und der Verantwortung des Dienstherrn bei den privaten Unternehmen beschäftigt. Die Unternehmen üben Dienstherrenbefugnisse aus.[4]

Nach § 2 Abs. 1 Gesetz zum Personalrecht der Beschäftigten der früheren Deutschen Bundespost (Postpersonalrechtsgesetz – PostPersRG)[5] werden mit der Eintragung der Aktiengesellschaft in das Handelsregister die Beamten, deren Beschäftigungsbehörde am Tag zuvor ein Unternehmen der Deutschen Bundespost war, grundsätzlich bei der diesem Unternehmen nachfolgenden Aktiengesellschaft beschäftigt.[6] Gemäß § 2 Abs. 3 PostPersRG stehen die bei den Aktiengesellschaften beschäftigten Beamten im Dienste des Bundes; sie sind unmittelbare Bundesbeamte. Auf sie finden die für Bundesbeamte allgemein geltenden Vorschriften Anwendung, soweit gesetzlich nichts anderes bestimmt ist.[7] Demnach können Beamte nach dem Beleihungsmodell im Rahmen von Personalanpassungsmaßnahmen ausschließlich unter den gesetzlich geregelten Voraussetzungen abgebaut werden.

In diesem Zusammenhang stand der Deutschen Telekom AG als alleiniges wesentliches gesetzliches Instrumentarium die Vorruhestandsregelung nach Art.

---

1 BVerfGE 44, 249 (262).

2 Vgl. zur Gesamtthematik Maunz, in: Maunz/Dürig, Kommentar zum GG, Band I, Art. 33 Rdnr. 43 ff.

3 Lerche, in: Maunz/Dürig, Kommentar zum GG, Band V, Art. 143 b Rdnr. 33.

4 Lerche, in: Maunz/Dürig, Kommentar zum GG, Band V, Art. 143 b Rdnr. 27 f.

5 Gesetz zum Personalrecht der Beschäftigten der früheren Deutschen Bundespost (Postpersonalrechtsgesetz – PostPersRG) vom 14. September 1994, BGBl. I S. 2353 (verkündet als Art. 4 PTNeuOG), geändert durch Art. 1 des Begleitgesetzes zum Telekommunikationsgesetz (BegleitG) vom 17. Dezember 1997, BGBl. I S. 3108, geändert durch Art. 12 des Post- und telekommunikationsrechtlichen Bereinigungsgesetzes vom 7. Mai 2002, BGBl. I S. 1529; dazu Fangmann, Das neue Telekommunikationsgesetz, Kapitel 3.2, S. 21.

6 Vgl. Fangmann/Lörcher/Scheurle/Schwemmle/Wehner, Kommentar zum Telekommunikations- und Postrecht, Teil I, 5. Postpersonalrechtsgesetz, § 2 Rdnr. 3.

7 Vgl. Fangmann/Lörcher/Scheurle/Schwemmle/Wehner, Kommentar zum Telekommunikations- und Postrecht, Teil I, 5. Postpersonalrechtsgesetz, § 2 Rdnr. 6.

9 des Eisenbahnneuordnungsgesetzes vom 27. Dezember 1993 zur Verfügung. Gemäß Art. 14 Abs. 2 PTNeuOG trat Art. 9 des Eisenbahnneuordnungsgesetzes, soweit die Bestimmungen Beamte der Deutschen Bundespost betrafen, am Tage nach der Verkündung des Postneuordnungsgesetzes in Kraft. Nach § 4 Abs. 6 Satz 1 i.V.m. Satz 5 PostPersRG galt die Vorruhestandsregelung nach Art. 9 des Eisenbahnneuordnungsgesetzes für die Beamten der Deutschen Telekom AG bis zum 31. Dezember 1999. Sie ermöglichte Beamten des einfachen und des mittleren Dienstes nach Vollendung des 55. Lebensjahres und denen des gehobenen Dienstes nach Vollendung des 60. Lebensjahres unter Wahrung ihrer bis dahin erworbenen Versorgungsansprüche auf Antrag die Versetzung in den Vorruhestand. Der höhere Dienst war von dieser Regelung ausgenommen. Auf Grund der zeitlichen Befristung, der Beschränkung des berechtigten Personenkreises und des Antragserfordernisses hielten sich die Möglichkeiten des Personalabbaus im Rahmen von Personalanpassungsmaßnahmen nach der Regelung des Art. 9 des Eisenbahnneuordnungsgesetzes für die Deutsche Telekom AG in engen Grenzen.[1]

Es könnte aber zumindest eine Absenkung der Beamtenbesoldung in den überzahlten Bereichen in Betracht kommen. Gemäß § 5 Abs. 1 PostPersRG darf kein Beamter wegen seiner Rechtsstellung oder wegen der sich aus seinem Beamtenverhältnis ergebenden Rechte und Pflichten in seiner beruflichen Tätigkeit oder seinem beruflichen Fortkommen benachteiligt werden.[2] Der in diesem Zusammenhang in § 18 Bundesbesoldungsgesetz (BBesG) konstituierte Grundsatz der funktionsgerechten Besoldung[3] findet dabei über § 8 PostPersRG auch bei Beamten der Aktiengesellschaften Anwendung.[4] Danach sind die Funktionen der Beamten nach den mit ihnen verbundenen Anforderungen sachgerecht zu bewerten und Ämtern zuzuordnen. Die Ämter sind nach ihrer Wertigkeit unter Berücksichtigung der gemeinsamen Belange aller Dienstherren den Besoldungsgruppen zuzuordnen.

Zwecks Sicherstellung einer in diesem Sinne bewertungsgerechten Ausbringung der für die Beschäftigung von Beamten notwendigen Ämter verpflichtet § 9 Abs. 1 PostPersRG die Aktiengesellschaften, für jedes Geschäftsjahr im Voraus

1 Vgl. auch Wissmann, in: Wissmann, Praxishandbuch Telekommunikationsrecht, Kapitel 13 Rdnr. 109.

2 Vgl. Fangmann/Lörcher/Scheurle/Schwemmle/Wehner, Kommentar zum Telekommunikations- und Postrecht, Teil I, 5. Postpersonalrechtsgesetz, § 5 Rdnr. 2.

3 Wagner, Beamtenrecht, Rdnr. 265.

4 Fangmann/Lörcher/Scheurle/Schwemmle/Wehner, Kommentar zum Telekommunikations- und Postrecht, Teil I, 5. Postpersonalrechtsgesetz, § 8 Rdnr. 2.

einen Stellenplan aufzustellen, der der ministeriellen Genehmigung bedarf.[1] Des Weiteren lässt der Gesetzgeber nach § 9 Abs. 3 PostPersRG zur Vermeidung von Verschlechterungen der Beförderungsverhältnisse infolge des Abbaus von Planstellen bei den Aktiengesellschaften unter bestimmten Voraussetzungen sogar eine Überschreitung der nach dem Bundesbesoldungsgesetz zulässigen Obergrenzen für Beförderungsämter bei der Aufstellung des Stellenplans zu.[2] Ausweislich der Gesetzesbegründung zu § 9 PostPersRG dient die Regelung der Wahrung der „Exspektanzen" der vorhandenen Beamten. Demnach kommt eine Absenkung der Beamtenbesoldung in den überzahlten Bereichen nicht in Betracht.

(B) Arbeitnehmer

Hinsichtlich der Arbeitnehmer, der Angestellten und Arbeiter, ist die Deutsche Telekom AG als Rechtsnachfolgerin des Unternehmens Deutsche Bundespost Telekom gemäß § 21 Abs. 1 PostPersRG im Zeitpunkt des Übergangs in die Rechte und Pflichten der mit der ehemaligen Deutschen Bundespost Telekom geschlossenen Arbeitsverhältnisse eingetreten.[3] Des Weiteren gelten die in der ehemaligen Deutschen Bundespost Telekom im Zeitpunkt der Eintragung in das Handelsregister geltenden Tarifverträge für die Angestellten, Arbeiter und Auszubildenden bis zum Abschluss neuer Tarifverträge weiter. Folglich können Arbeitnehmer im Rahmen von Personalanpassungsmaßnahmen ausschließlich unter Beachtung der tariflich geregelten Voraussetzungen abgebaut werden.

Fraglich ist in diesem Zusammenhang zunächst, ob es sich bei tarifvertraglichen Regelungen auf Grund ihres vertraglichen Charakters um rechtliche Verpflichtungen im Sinne von § 3 Abs. 4 TEntgV handelt. Zwar sind vertragliche Regelungen einerseits nicht vorgegeben, sondern können auf Grund der Rechtsnatur eines Vertrages im Rahmen der unternehmerischen Handlungsfreiheit selbst geschaffen werden. Andererseits kann der Deutschen Telekom AG über die Anerkennung jedweder auf einem Vertrag beruhenden Pflicht als rechtliche Verpflichtung im Sinne von § 3 Abs. 4 TEntgV aber auch nicht die Möglichkeit eingeräumt werden, über den Abschluss von Vereinbarungen den Anwendungsbereich des § 3 Abs. 4 TEntgV beliebig zu erweitern.

Hinsichtlich der tarifvertraglichen Verpflichtungen der Deutschen Telekom AG ist jedoch zunächst festzustellen, dass die ursprünglich von dem Unterneh-

1 Fangmann/Lörcher/Scheurle/Schwemmle/Wehner, Kommentar zum Telekommunikations- und Postrecht, Teil I, 5. Postpersonalrechtsgesetz, § 9 Rdnr. 1 ff.
2 Fangmann/Lörcher/Scheurle/Schwemmle/Wehner, Kommentar zum Telekommunikations- und Postrecht, Teil I, 5. Postpersonalrechtsgesetz, § 9 Rdnr. 12.
3 Fangmann/Lörcher/Scheurle/Schwemmle/Wehner, Kommentar zum Telekommunikations- und Postrecht, Teil I, 5. Postpersonalrechtsgesetz, § 21 Rdnr. 6.

men Deutsche Bundespost Telekom geschlossenen Tarifverträge per Gesetz auf die Deutsche Telekom AG übergeleitet worden sind. Darüber hinaus lassen sich tarifvertragliche Regelungen auf Grund des Zustimmungserfordernisses beider Vertragsparteien nicht ohne Weiteres abbauen und unterliegen somit nicht uneingeschränkt der unternehmerischen Handlungsfreiheit. Folglich handelt es sich bei tarifvertraglichen Regelungen um rechtliche Verpflichtungen im Sinne von § 3 Abs. 4 TEntgV.

In den zum Zeitpunkt der Eintragung in das Handelsregister geltenden Tarifverträgen (Tarifvertrag für die Angestellten der Deutschen Bundespost (TV Ang/TV Ang-O) vom 21. März 1961 bzw. 1. Januar 1991 und Tarifvertrag für die Arbeiter der Deutschen Bundespost (TV Arb/TV Arb-O) vom 6. Januar 1955 bzw. 1. Januar 1991) war unter anderem bestimmt, dass einem unkündbaren Arbeitnehmer nur aus außergewöhnlichem, in seiner Person oder in seinem Verhalten liegenden wichtigen Grunde gekündigt werden konnte. Betriebliche Gründe, die einer Weiterbeschäftigung entgegenstanden, berechtigten dagegen nicht zur Kündigung. Als unkündbar galten nach der tariflichen Regelung in § 47 TV Ang/TV Ang-O bzw. § 27 TV Arb/TV Arb-O vollbeschäftigte Arbeitnehmer, die das 40. Lebensjahr und eine Postdienstzeit von 15 Jahren oder eine Dienstzeit von 25 Jahren vollendet hatten und teilzeitbeschäftigte Arbeitnehmer mit mindestens der Hälfte der Wochenarbeitszeit, die das 40. Lebensjahr und eine Postdienstzeit von 20 Jahren vollendet hatten.

Mit Inkrafttreten des Tarifvertrages Nr. 36 vom 24. September 1997 zum 1. Oktober 1997 trat eine Änderung der diesbezüglichen tariflichen Regelung ein, wonach nur noch ein Arbeitnehmer, der das 50. Lebensjahr und eine Postdienstzeit von 15 Jahren vollendet hatte, dem besonderen Kündigungsschutz unterlag. Im Rahmen des Änderungstarifvertrages vereinbarte die Deutsche Telekom AG aber auch eine Besitzstandsregelung in Form von Übergangsvorschriften, wonach Arbeitnehmer, die am 30. September 1997 bereits dem besonderen Kündigungsschutz für ältere Arbeitnehmer unterlagen, diesen Status behielten, während andere Arbeitnehmer, je nach vollendetem Lebensjahr, diesen Status noch erreichen konnten. Demzufolge hielten sich die Möglichkeiten des Personalabbaus im Rahmen von Personalanpassungsmaßnahmen nach den dargestellten tarifvertraglichen Regelungen für die Deutsche Telekom AG auch im Arbeitnehmerbereich in Grenzen.

Es könnte aber zumindest eine Absenkung der Arbeitnehmerbezahlung in den überzahlten Bereichen in Betracht kommen. Gemäß § 19 TV Ang/TV Ang-O ergab sich die für die Grundvergütung des Angestellten maßgebende Vergütungsgruppe aus dem Verzeichnis der Vergütungsgruppen (Anlage 2). Die Anlage 2 zum TV Ang/TV Ang-O differenzierte in diesem Zusammenhang nach der Zuordnung von Angestellten, die auf einem Arbeitsposten für Beamte beschäftigt waren, zu Vergütungsgruppen (Abschnitt II) und nach der Zuordnung von Angestellten, die auf einem Arbeitsposten für Angestellte beschäftigt waren, zu Vergütungsgruppen (Abschnitt III).

Nach Abschnitt II, § 3 Abs. 1 der Anlage 2 zum TV Ang/TV Ang-O richtete sich die Vergütungsgruppe eines Angestellten, sofern er auf einem Arbeitsposten für Beamte beschäftigt wurde, nach der Bewertung des Arbeitspostens, auf dem er beschäftigt war. Des Weiteren war dort geregelt, dass sich bei einer Beschäftigung auf nichtbewerteten Arbeitsposten mit Beamtentätigkeiten die Vergütungsgruppe nach der Bewertung eines vom Tätigkeitsinhalt her vergleichbar bewerteten Arbeitspostens für Beamte richtete. Maßgebend für die Feststellung, ob es sich um einen Arbeitsposten für Beamte handelte, sowie für die Bewertung des Arbeitspostens waren die hierfür für die Beamten der Deutschen Telekom AG jeweils geltenden Bestimmungen.

Gemäß Abschnitt III, § 8 Abs. 1 der Anlage 2 zum TV Ang/TV Ang-O richtete sich die Eingruppierung der Angestellten nach den Tätigkeitsmerkmalen in dem Verzeichnis der Tätigkeitsmerkmale. Dabei erhielt der Angestellte die Grundvergütung nach der Vergütungsgruppe, in der er eingruppiert war. Für den Bereich der Arbeiter beinhaltete das Verzeichnis der Lohngruppen, Anlage 2 zum TV Arb/TV Arb-O, die spiegelbildliche Regelung.

Da jedoch die überwiegende Anzahl der Arbeitnehmer der Deutschen Telekom AG auf einem Arbeitsposten für Beamte beschäftigt war, stellte deren Bezahlungsgrundlage im Wesentlichen die Besoldungsgruppe dar, nach der der Arbeitsposten bewertet war, auf dem der Arbeitnehmer eingesetzt wurde. Aus der Beamtenbewertung des Arbeitsplatzes resultierte folglich die jeweils maßgebende Vergütungs- bzw. Lohngruppe.

Unabhängig von der Frage, ob die aus historischen Gründen dem öffentlichen Dienstrecht entliehene Bezahlungsstruktur einer Aktiengesellschaft gerecht wurde, war die Deutsche Telekom AG bis zum Abschluss neuer Tarifverträge gesetzlich verpflichtet, ihre Arbeitnehmer auf der Grundlage der bestehenden Tarifverträge zu entlohnen. Insoweit bestand für die Deutsche Telekom AG auch im Arbeitnehmerbereich hinsichtlich der Bezahlung eine starke Abhängigkeit zu beamtenrechtlichen Gegebenheiten, so dass sich die Fremdbestimmung bei der Höhe der Beamtenbesoldung auf Grund arbeitsrechtlicher Vorschriften auch auf das Personalkostenniveau der Arbeitnehmer auswirkte.

Zum 1. Juli 2001 sind nunmehr folgende neue markt- und leistungsorientierte Tarifverträge in Kraft getreten:

- **Manteltarifvertrag (MTV)**
  Der Manteltarifvertrag regelt die allgemeinen Beschäftigungsbedingungen.

- **Entgeltrahmentarifvertrag (ERTV)**
  Der Entgeltrahmentarifvertrag beinhaltet die Rahmenregelungen für die Vergütung.
- **Entgelttarifvertrag (ETV)**
  Der Entgelttarifvertrag enthält die Vergütungstabellen, aus denen die Höhe des Entgelts entnommen werden kann.[1]

Jedoch ist trotz des Abschlusses neuer Tarifverträge zu berücksichtigen, dass im Rahmen der zwischen der Deutschen Telekom AG und den bei ihr vertretenen Gewerkschaften geführten Verhandlungen für die zum Zeitpunkt des Inkrafttretens der neuen Tarifverträge bereits bei der Deutschen Telekom AG beschäftigten Arbeitnehmer erforderlichenfalls entsprechende Besitzstandsregelungen vereinbart worden sind. Folglich beinhaltet der Tarifvertrag über Sonderregelungen (TV SR) die Einzelheiten der Überführung auf das neue System und stellt insbesondere den besonderen Kündigungsschutz und das Entgelt der bereits vorhandenen Beschäftigten sicher. Demzufolge wird es der Deutschen Telekom AG auch nach Inkrafttreten der neuen markt- und leistungsorientierten Tarifverträge kurzfristig nicht möglich sein, sich von den bisherigen tradierten Bezahlungsstrukturen zu lösen.

Demnach lässt sich zusammenfassend feststellen, dass Personaleinsparungen im Rahmen von Personalanpassungsmaßnahmen und daraus resultierende Kostenreduktionen bei der Deutschen Telekom AG in begrenztem Umfang möglich sind. Dies ist jedoch nicht kurzfristig, sondern lediglich über einen längeren Anpassungszeitraum realisierbar. Zu diesem Zweck hat die Deutsche Telekom AG mit der Gewerkschaft ver.di die Einrichtung einer Vermittlungs- und Qualifizierungseinheit zur Optimierung der Vermittlung von Personalüberhängen ab dem 31. Juli 2002 im Rahmen des Tarifvertrages Rationalisierungsschutz und Beschäftigungssicherung (TV Ratio) vereinbart. Aufwendungen, die durch nicht sofort realisierbare Personaleinsparungen verursacht werden, sind somit während des notwendigen Anpassungszeitraumes im Rahmen der Entgeltgenehmigung zu berücksichtigen, da hierfür rechtliche Verpflichtungen bestehen.

---

1 Vgl. dazu im Einzelnen die VL-Infos 5-6/2001, 10/2001 und 11/2001 vom Hauptvorstand der DPG e.V. in ver.di, verfügbar unter <http://www.dpg.org/vl_info/spezial_vl_infos/vl_info_tk_5_6.html>, <http://www.dpg.org/vl_info/spezial_vl_infos/vl_info_tk_10.html> sowie <http://www.dpg.org/vl_info/spezial_vl_infos/vl_info_tk_11.html>.

bb) Aufwendungen für Personalabbau

Zu untersuchen ist darüber hinaus, ob die mit dem während des Anpassungszeitraums vorzunehmenden Personalabbau verbundenen Aufwendungen ebenfalls im Rahmen der Entgeltgenehmigung zu berücksichtigen sind. Insoweit ist zu beachten, dass der erforderliche Abbau der bestehenden Personalüberhänge auch insofern erfolgen kann, als zunächst die Möglichkeiten, das überzählige Personal unter Beachtung betriebswirtschaftlicher Grundsätze einer anderen adäquaten und effizienten Beschäftigung innerhalb des Unternehmens zuzuführen, auszuschöpfen sind. So könnte die Deutsche Telekom AG mit den in einzelnen Bereichen bestehenden Personalüberhängen den Personalbedarf in anderen Unternehmensbereichen teilweise decken oder sich mit ihrem hochqualifizierten Personal durch eine entsprechende Unternehmensentwicklung neue Betätigungsfelder erschließen. Bereits auf diese Weise lassen sich die Aufwendungen für den Personalabbau der Deutschen Telekom AG entsprechend reduzieren.

Der Umstand, dass die Deutsche Telekom AG dennoch in der Vergangenheit Einstellungen neuer Mitarbeiter in begrenztem Umfang vorgenommen hat und sie auch in Zukunft weiterhin vornehmen wird, steht dem nicht entgegen, da auf Grund der sich ständig verändernden Wettbewerbssituation und des technologischen Fortschritts neue Anforderungsprofile entstehen und die Beschäftigungsschwerpunkte sich in Richtung anderer Qualifikationen verschieben. Die Anforderungsprofile von derartig speziellen Know-how-Trägern können von den bei der Deutschen Telekom AG beschäftigten Mitarbeitern nicht immer erfüllt werden, so dass Personalumsetzungsmaßnahmen insoweit nicht in Betracht kommen. Folglich lassen sich Neueinstellungen bei der Deutschen Telekom AG zwar minimieren, aber nicht völlig vermeiden. Die nach möglichen Umbesetzungen innerhalb des Unternehmens noch verbleibenden Aufwendungen für den Personalabbau sind während des Anpassungszeitraumes als Folgekosten bestehender Personalüberhänge im Rahmen der Entgeltgenehmigung zu berücksichtigen.[1]

---

1 Vgl. die Entscheidung des Bundesministeriums für Post und Telekommunikation (BMPT) vom 12.09.1997 über den Antrag der Mannesmann Arcor AG & Co. auf Erlass einer Zusammenschaltungsanordnung (Mitteilung 173/97, ABl. BMPT vom 05.11.1997, 1721), in der es zur Einbeziehung des neutralen Aufwandes feststellte, dass unabdingbar entstehende Aufwendungen für Personalanpassungsmaßnahmen bei entsprechend sachlicher Rechtfertigung gemäß § 3 Abs. 4 Satz 2 TEntgV anerkennungsfähig seien; siehe aber auch die Entscheidung vom 02.10.1997 bezüglich Personalaufwendungen in den neuen Bundesländern (ABl. BMPT 1997, 1721).

cc) Personalgrund- und Personalnebenkosten

Auch Aufwendungen für überdurchschnittlich hohe Personalgrund- und Personalnebenkosten können im Rahmen der Entgeltgenehmigung nur berücksichtigt werden, soweit und solange hierfür u.a. eine rechtliche Verpflichtung besteht.

(A) Personalgrundkosten

Demnach müssten die durchschnittlichen Personalgrundkosten der Deutschen Telekom AG über dem Marktniveau liegen. Der Studie des Beratungsunternehmens Towers Perrin für die Deutsche Telekom AG aus dem Jahre 1997, in deren Rahmen fast alle Funktionen (Aufgabenträger) einer Betrachtung im Vergleich zum Marktniveau unterzogen worden sind, lässt sich einerseits entnehmen, dass insgesamt die durchschnittlichen Personalgrundkosten der Deutschen Telekom AG dem Marktniveau entsprechen. Andererseits weichen die Personalgrundkosten bezogen auf die jeweilige Funktion jedoch zum Teil erheblich von vergleichbaren Marktwerten ab. Dabei werden tendenziell Führungspositionen zu niedrig, ausführende Tätigkeiten zu hoch bezahlt.

Daraus folgt zum einen, dass sich insoweit die Frage nach der Berücksichtigung des Anteils der Aufwendungen, der über die durchschnittlichen Personalgrundkosten hinausgeht, im Rahmen der Entgeltgenehmigung nicht stellt, solange die durchschnittlichen Personalgrundkosten insgesamt dem Marktniveau entsprechen. Zum anderen ist im Hinblick auf die zukünftige Entwicklung der Personalgrundkosten jedoch zu berücksichtigen, dass die Bezahlungsstruktur der Deutschen Telekom AG auf dem öffentlichen Dienstrecht basiert und die Heranführung an ein insgesamt marktgerechtes Bezahlungssystem einerseits Mehrkosten in den unterbezahlten Bereichen zur Folge haben, andererseits aber auch hohe Besitzstandskosten in den überzahlten Bereichen bedingen wird.

Darüber hinaus erfolgt auch durch die gewachsene Personalstruktur eine negative Beeinflussung der Höhe der Personalgrundkosten bei der Deutschen Telekom AG. Diese Struktur erfährt dadurch ihre Prägung, dass im Hinblick auf die betriebswirtschaftlich notwendigen Personalabbaumaßnahmen von Einstellungen neuer Mitarbeiter weitgehend abzusehen war und abzusehen ist. Des Weiteren bedingt das in § 3 Abs. 2 Satz 3 PostPersRG normierte Verbot der Begründung neuer Beamtenverhältnisse nach § 6 Abs. 1 Nr. 1 BBG[1] zwangsläufig eine sich immer mehr verstärkende Überalterung der bei der Deutschen Telekom AG täti-

1 Vgl. zur Gesamtthematik Behrens, § 3 Rdnr. 4 ff. und Wagner, Beamtenrecht, Rdnr. 62 ff.

gen Beamten.[1] Auf Grund der gesetzlich vorgegebenen besoldungsrechtlichen Strukturen – Aufsteigen in Dienstaltersstufen nach dem Besoldungsdienstalter und der Leistung (§ 27 BBesG) – folgt daraus eine stetig steigende Besoldung aus den höheren Dienstaltersstufen der Besoldungstabelle der Besoldungsgruppe A.[2]

Maßgebliche Bedeutung für die Höhe der Personalgrundkosten im Beamtenbereich hat jedoch auch der Umstand, dass die Deutsche Telekom AG auf die Ausgestaltung der Besoldungstabelle keinerlei Einfluss hat. Die Besoldung der Beamten wird gemäß § 2 BBesG durch Gesetz geregelt.[3] In der Praxis hat sich dabei die Übung herausgebildet, dass sich die Bundesregierung, die den jeweiligen Entwurf zu Besoldungs- und Versorgungsanpassungsgesetzen in das Gesetzgebungsverfahren einbringt, an dem Ergebnis der Tarifrunde für den öffentlichen Dienst orientiert. Die Erhöhungen in diesem Bereich werden weitestgehend für die Besoldungsanpassung übernommen. Insoweit unterliegt die Deutsche Telekom AG in diesem kostenträchtigen Bereich der Fremdbestimmung. Sollten auf Grund derartiger Parameter die durchschnittlichen Personalgrundkosten der Deutschen Telekom AG über das Marktniveau ansteigen, so ist der übersteigende Anteil im Rahmen der Entgeltgenehmigung zu berücksichtigen, da insoweit die genannten rechtlichen Verpflichtungen bestehen.

(B) Personalnebenkosten

Weiterhin müssten die durchschnittlichen Personalnebenkosten der Deutschen Telekom AG über dem Marktniveau liegen. Die Studie des Beratungsunternehmens Towers Perrin kommt insoweit zu dem Ergebnis, dass die Personalnebenkosten der Deutschen Telekom AG bei 175% im Vergleich zum marktüblichen Niveau liegen. Bei einer Betrachtung von Personalgrund- und Personalnebenkosten ergibt sich ein Wert von durchschnittlich 18% über dem Marktniveau.

Die überdurchschnittlich hohen Personalnebenkosten der Deutschen Telekom AG beruhen auf Einzahlungen in den Telekompensionsservice e.V. und in die Versorgungsanstalt Post. Die Berücksichtigungsfähigkeit der Einzahlungen im Rahmen der Entgeltgenehmigung setzt folglich eine rechtliche Verpflichtung in Gestalt besonderer gesetzlicher oder tarifvertraglicher Regelungen voraus.

---

1 Fangmann/Lörcher/Scheurle/Schwemmle/Wehner, Kommentar zum Telekommunikations- und Postrecht, Teil I, 5. Postpersonalrechtsgesetz, § 3 Rdnr. 8.
2 Peine/Heinlein, S. 123 ff.
3 Wagner, Beamtenrecht, Rdnr. 265.

(I) Telekompensionsservice e.V.[1]

In Bezug auf den Telekompensionsservice e.V.[2] beinhaltet § 15 PostPersRG die Regelung, dass die Unterstützungskassen Versorgungs- und Beihilfeleistungen an ehemalige Beamte des Sondervermögens Deutsche Bundespost, des Teilsondervermögens Deutsche Bundespost POSTDIENST, des Teilsondervermögens Deutsche Bundespost POSTBANK und des Teilsondervermögens Deutsche Bundespost TELEKOM erbringen sowie an Beschäftigte der Aktiengesellschaften, denen aus einem Beamtenverhältnis Ansprüche auf Versorgung zustehen, und an deren Hinterbliebene. Die Gründung der Unterstützungskassen erfolgt dabei gemäß § 15 Abs. 2 PostPersRG durch die jeweilige Aktiengesellschaft in der Rechtsform eines eingetragenen Vereins unverzüglich nach ihrer Errichtung. Folglich unterhält die Deutsche Telekom AG für die beamteten Mitarbeiter eine unternehmenseigene Unterstützungskasse: den Telekompensionsservice e.V.[3]

Gemäß § 16 PostPersRG hat sich die Deutsche Telekom AG an der Finanzierung der Verpflichtungen des Bundes zu Versorgungs- und Beihilfeleistungen an die bei der Deutschen Telekom AG beschäftigten Beamten und deren Hinterbliebenen zu beteiligen. Nach Maßgabe des § 16 Abs. 1 PostPersRG belaufen sich die Zuwendungen der Deutschen Telekom AG für die Jahre 1995 bis 1999 jeweils auf 2,9 Mrd. DM pro Jahr.[4] In den darauf folgenden Jahren betragen die Zuwendungen an die unternehmenseigene Unterstützungskasse nach § 16 Abs. 2 PostPersRG jeweils 33 v.H. der Bruttobezüge der aktiven Beamten und der fiktiven Bruttobezüge der beurlaubten Beamten.[5] Folglich besteht eine rechtliche Verpflichtung der Deutschen Telekom AG zu Einzahlungen in den Telekompensionsservice e.V., und zwar dem Grunde und der Höhe nach.

---

1 Der Telekom Pensions-Service e.V. ist am 11.01.2001 durch Eintragung in das Vereinsregister mit den Unterstützungskassen der Deutschen Post und Postbank zum Bundes-Pensions-Service für Post und Telekommunikation e.V. (BPS-PT) verschmolzen worden, der jedoch weiterhin arbeitsteilig tätig wird.

2 Ausführliche Informationen unter <http://www.bps-pt.de/home.html>.

3 Fangmann/Lörcher/Scheurle/Schwemmle/Wehner, Kommentar zum Telekommunikations- und Postrecht, Teil I, 5. Postpersonalrechtsgesetz, § 15 Rdnr. 5.

4 Vgl. Fangmann/Lörcher/Scheurle/Schwemmle/Wehner, Kommentar zum Telekommunikations- und Postrecht, Teil I, 5. Postpersonalrechtsgesetz, § 16 Rdnr. 2.

5 Vgl. Fangmann/Lörcher/Scheurle/Schwemmle/Wehner, Kommentar zum Telekommunikations- und Postrecht, Teil I, 5. Postpersonalrechtsgesetz, § 16 Rdnr. 5.

(II) Versorgungsanstalt Post

Hinsichtlich der Versorgungsanstalt Post (VAP) trifft § 26 Abs. 1 BAPostG[1] die Regelung, dass die Bundesanstalt die VAP u.a. für die Aktiengesellschaften als einheitliche Einrichtung weiterführt.[2] Die zusätzliche Altersversorgung durch die Versorgungsanstalt Post (VAP-Versorgung) hat ihren Ursprung demnach auch in der Zeit des öffentlichen Dienstes.

Die Verpflichtungen der Deutschen Telekom AG hinsichtlich der Angestellten und Arbeiter aus der VAP-Versorgung stellen sich dabei wie folgt dar:

Die Rentenzahlungen auf Grund der Verpflichtungen, die bis zum 31. Dezember 1997 (Zeitpunkt der VAP-Reform) im Rahmen der VAP-Versorgung entstanden sind, erfolgen durch die VAP. Bis 1997 erfolgte die Finanzierung über sogenannte Umlagezahlungen in Höhe von 8,36% des in der VAP-Satzung definierten Bruttoarbeitsentgelts der Mitarbeiter. Seit dem 1. Januar 1998 erhält die VAP zur Finanzierung der bis zum 31. Dezember 1997 entstandenen Rentenverpflichtungen sogenannte Zuschüsse in etwa gleicher Höhe.

Bei der VAP-Versorgung handelt es sich um ein sogenanntes Gesamtversorgungssystem[3]. Derartige Gesamtversorgungssysteme beinhalten gegenüber sonstigen Versorgungssystemen zusätzliche Risiken. Hierbei kommen insbesondere die Folgenden in Betracht:

Bei Gesamtversorgungssystemen gehen Unternehmen eine Ausfallbürgschaft bei Veränderung der Sozialversicherungsrente ein, d.h. jede Absenkung der Sozialversicherungsrente muss vom Unternehmen ausgeglichen werden und hat demnach eine nicht planbare Erhöhung der Zahlungsverpflichtungen zur Folge. Da das letzte Bruttoarbeitsentgelt im Jahr vor dem Ausscheiden Basis für die Ermittlung der Höhe der Gesamtversorgung ist, können des Weiteren insbesondere Gehaltserhöhungen im letzten Jahr vor dem Ausscheiden zu erheblichen Erhöhungen der Altersversorgung führen. Darüber hinaus kann die Höhe der zukünftig zu erbringenden Versorgungsleistungen auf Grund der Endgehaltabhängigkeit während der Anwartschaftszeit nicht quantifiziert werden. Auf Grund der

---

1 Gesetz über die Errichtung einer Bundesanstalt für Post und Telekommunikation Deutsche Bundespost (Bundesanstalt Post-Gesetz - BAPostG) vom 14. September 1994, BGBl. I S. 2325 (verkündet als Art. 1 PTNeuOG), geändert durch Art. 2 des Begleitgesetzes zum Telekommunikationsgesetz (BegleitG) vom 17. Dezember 1997, BGBl. I S. 3108, geändert durch Art. 11 des Post- und telekommunikationsrechtlichen Bereinigungsgesetzes vom 7. Mai 2002, BGBl. I S. 1529; dazu Fangmann, Das neue Telekommunikationsgesetz, Kapitel 3.2, S. 21.

2 Vgl. Fangmann/Lörcher/Scheurle/Schwemmle/Wehner, Kommentar zum Telekommunikations- und Postrecht, Teil I, 2. Bundesanstalt Post-Gesetz, § 26 Rdnr. 1.

3 Vgl. Kiefer, in: Berger/Kiefer/Langenbrinck, Kommentar zum Versorgungsrecht, Band I, Teil A 1, § 4 Versorgungs-TV Rdnr. 1 ff.

bestehenden steuerlichen Rahmenbedingungen ergeben sich daraus insbesondere Konsequenzen für die Finanzierung der Versorgungsverpflichtungen. Die Finanzierung der VAP erfolgt wie bei der gesetzlichen Rentenversicherung über das sogenannte Umlageverfahren[1], d.h. es wird kein Kapitalstock durch die Umlagezahlungen für die aktiv Beschäftigten aufgebaut. Pensionskassen wie die VAP geben Unternehmen somit nur in sehr engen Grenzen die Möglichkeit, ihre Versorgungsverpflichtungen aus der Zusage mittels einer adäquaten Vorausfinanzierung abzubilden (Pensionsrückstellungen).

Weiterhin können VAP-Versicherte selbst nach Einführung der Nettolimitierung eine Nettoversorgung von 91,75% erreichen. Dieser Versorgungssatz der VAP ist damit im Vergleich zu anderen Versorgungssystemen in der Wirtschaft unverhältnismäßig hoch.

Da die VAP-Versorgung demnach als sehr teuer (Ausfallbürgschaft für die Sozialversicherung), nicht abschätzbar (Endgehaltabhängigkeit), unzureichend vorausfinanzierbar (Umlageverfahren) und als nicht mehr marktgerecht einzustufen war, bedurfte es einer Reform der VAP. In einem ersten Schritt erfolgte die Einführung einer neuen betrieblichen Altersversorgung in Gestalt eines beitragsorientierten Versorgungssystems, dem sogenannten Kapitalkontenplan, im ehemaligen Tarifgebiet Ost zum 1. Januar 1996 durch den Tarifvertrag Nr. 7. Im Anschluss daran wurde im Tarifvertrag Nr. 22 die betriebliche Altersversorgung zum 1. Januar 1997 auf das ehemalige Tarifgebiet West ausgedehnt und die VAP zugunsten des Kapitalkontenplanes für Neueintritte zum 31. Dezember 1996 geschlossen. In einem weiteren Schritt trat der Teil der Reform der VAP, der alle noch in der VAP versicherten (aktiven) Beschäftigten betraf, nach Maßgabe der Tarifverträge Nr. 39 und Nr. 40 am 1. Januar 1998 in Kraft.

Die Eckpunkte der Reform stellen sich dabei wie folgt dar:

- Unterteilung der Mitarbeiter in drei Besitzstandsgruppen (Besitzstand 1, Besitzstand 2 und rentennahe Jahrgänge) sowie die Überführung der ersten beiden Gruppen in den Kapitalkontenplan;
- Wahrung der „erdienten Besitzstände" der Mitarbeiter;
- Rentner als auch beitragsfrei aus dem Unternehmen Ausgeschiedene erhalten weiterhin Leistungen nach den Regelungen der VAP-Versorgung.

Auch für rentennahe Jahrgänge, d.h. bisherige VAP-Versicherte, die u.a. 1944 oder früher geboren worden sind, treten bezüglich ihrer bisherigen VAP-Versorgung gemäß §§ 1 und 2 des Tarifvertrages Nr. 40 keine Änderungen ein.

---

1 Vgl. Kiefer, in: Berger/Kiefer/Langenbrinck, Kommentar zum Versorgungsrecht, Band I, Teil B, § 29 Satzung der VBL Rdnr. 1.

Nach den Regelungen der neuen betrieblichen Altersversorgung (=Kapitalkontenplan) stellt der Arbeitgeber

- bei tariflichen Arbeitnehmern[1] einen Beitrag in Höhe von 2,5% des steuerpflichtigen Bruttoarbeitsentgelts bzw.
- bei außertariflichen[2] und leitenden Angestellten[3] einen Beitrag von 2,5% für das gesamte fest vereinbarte Jahresgrundgehalt zuzüglich 9% für die Bezügebestandteile des fest vereinbarten Jahresgrundgehaltes, die oberhalb der jeweiligen Beitragsbemessungsgrenze in der gesetzlichen Rentenversicherung liegen,

auf dem Kapitalkonto bereit.

Zum 31. Dezember 1997 belief sich die Höhe der Pensionsrückstellung für Arbeitnehmer auf rund 5,5 Mrd. DM. Die Rückstellungshöhe wird dabei jährlich über ein versicherungsmathematisches Gutachten neu ermittelt. Demzufolge besteht eine rechtliche Verpflichtung der Deutschen Telekom AG zu Zahlungen an die VAP, und zwar dem Grunde und der Höhe nach.

b) Wohnungsfürsorge

Neben Aufwendungen im Rahmen der allgemeinen Personalaufwendungen kommen Ausgleichszahlungen für Wohnungsfürsorgeleistungen an die Deutsche Post AG als neutraler Aufwand in Betracht. Dabei stellen die Zahlungen einen Ausgleich für nicht durch Erträge gedeckte Aufwendungen der Deutschen Post AG für die Sozialangelegenheit Wohnungsfürsorge dar. Derartige Aufwendungen können demnach im Rahmen der Entgeltgenehmigung nur berücksichtigt werden, soweit und solange hierfür u.a. eine rechtliche Verpflichtung besteht.

Die Fürsorgepflicht des Dienstherrn[4] gegenüber dem Personal stellte die Grundlage der Wohnungsfürsorge der früheren Deutschen Bundespost dar. Gemäß der 1975 vom Bundespostministerium veröffentlichten "Dienstanweisung Wohnungsfürsorge bei der Deutschen Bundespost" (DA Wo) beinhaltet die Wohnungsfürsorge das Bereitstellen von familiengerechten Wohnungen, von Wohnheimplätzen zu angemessenen Mieten sowie die Förderung von Familienheimdarlehen.

---

1 Vgl. Preis, in: Erfurter Kommentar zum Arbeitsrecht, § 611 BGB Rdnr. 45.
2 Vgl. Preis, in: Erfurter Kommentar zum Arbeitsrecht, § 611 BGB Rdnr. 131 f.
3 Vgl. Preis, in: Erfurter Kommentar zum Arbeitsrecht, § 611 BGB Rdnr. 127 ff.
4 Vgl. im Einzelnen Battis, Kommentar zum Bundesbeamtengesetz, § 79 Rdnr. 1 ff.

Vor der Postreform I oblag die Wahrnehmung dieser Aufgabe den Hochbaureferaten der Oberpostdirektionen. Mit Inkrafttreten des Postverfassungsgesetzes zum 1. Juli 1989 ging die Aufgabe der Wohnungsfürsorge nach §§ 9 – 11 als Verbundaufgabe für alle Unternehmen der Deutschen Bundespost auf die Deutsche Bundespost Postdienst über. Die erforderlichen Mittel waren gemäß § 11 Abs. 2 PostVerfG im Wirtschaftsplan des Unternehmens Deutsche Bundespost Postdienst bereitzustellen und durch die Unternehmen Deutsche Bundespost Postbank und Deutsche Bundespost Telekom anteilsmäßig zu erstatten.

In einem weiteren Schritt erfolgte dann zum 1. Juli 1993 unter Federführung des damaligen Direktoriums der Deutschen Bundespost die Erfassung des vorhandenen Bestandes an Postdarlehenswohnungen und die formale Aufteilung der daran bestehenden Mieterbenennungsrechte auf die Unternehmen der Deutschen Bundespost. Die Aufteilung erfasste ebenfalls die Darlehensnehmer von Familienheimdarlehen und die vorhandenen Wohnheimplätze (Altbestand). Mit der Postreform II erfolgte der Übergang der Verwaltung und Abwicklung des gesamten Altbestands an Postdarlehenswohnungen, Familienheimdarlehen und Wohnheimen auf den Rechtsnachfolger Deutsche Post AG, in deren Bilanz auch sämtliche damit in Zusammenhang stehenden Forderungen und Verbindlichkeiten eingeflossen sind.

Dabei bedient sich die Deutsche Post AG zur Wahrnehmung dieser Aufgabe ihrer Tochtergesellschaft Deutsche Post Wohnen GmbH. Diese stellt der Deutschen Telekom AG alle mit der Finanzierung und Verwaltung des Altbestands im Zusammenhang stehenden Kosten in Rechnung und erhebt derzeit entsprechende jährliche Forderungen gegen die Deutsche Telekom AG.

Auf Grund des Rückgangs der Mieterbenennungsrechte an Postdarlehenswohnungen zeichnet sich eine geringfügige aber kontinuierliche Reduzierung der Forderungen der Post Wohnen GmbH gegen die Deutsche Telekom AG ab. Die nach dem 1. Juli 1993 von den Unternehmen der Deutschen Bundespost getroffenen Wohnungsfürsorgemaßnahmen erfolgten unabhängig voneinander und jeweils auf eigene Kosten.

Ein einseitiger Ausstieg der Deutschen Telekom AG aus der Sozialleistung Wohnungsfürsorge ist derzeit nicht möglich, da die Bundesanstalt gemäß § 27 BAPostG nach wie vor die Grundsätze der Wohnungsfürsorge für die Aktiengesellschaften festlegt.[1] Demnach besteht eine rechtliche Verpflichtung der Deutschen Telekom AG zu Ausgleichszahlungen für Wohnungsfürsorgeleistungen an die Deutsche Post AG.

---

1 Fangmann/Lörcher/Scheurle/Schwemmle/Wehner, Kommentar zum Telekommunikations- und Postrecht, Teil I, 2. Bundesanstalt Post-Gesetz, § 27 Rdnr. 3.

c) Verwaltungskosten-Erstattungen

Des Weiteren kommen Verwaltungskosten-Erstattungen an die Deutsche Post AG im Zusammenhang mit der Betreuung ehemaliger Mitarbeiter der Deutschen Telekom AG (Altversorgungsempfänger) als neutraler Aufwand in Betracht. Dabei stellt die Betreuung eine Service- und Verbundaufgabe aus der Zeit vor der Postreform II dar. Auch derartige Aufwendungen können im Rahmen der Entgeltgenehmigung nur berücksichtigt werden, soweit und solange hierfür u.a. eine rechtliche Verpflichtung besteht.

Die gesetzliche Grundlage für die Erstattung von Verwaltungskosten der Deutschen Post AG für die Betreuung ehemaliger Mitarbeiter der Deutschen Telekom AG bildet § 79 Bundesbeamtengesetz (BBG). Auf Grund von § 79 BBG stehen dem Beamten auch nach seiner Zurruhesetzung für sich und seine Hinterbliebenen bestimmte Rechte und Ansprüche gegenüber seinem Dienstherrn zu (z.B. Beihilfe, Nutzung der betrieblichen Sozialeinrichtungen, Unterstützungen nach den Unterstützungsgrundsätzen, Alters- und Ehejubiläen, Kranzspenden).[1]

Die Wahrnehmung der daraus resultierenden "Betreuung" der Versorgungsempfänger erfolgte bis einschließlich 1. April 1991 ausschließlich durch die damaligen Postämter. Den Fernmeldeämtern oblagen bis zu diesem Zeitpunkt keine Betreuungsaufgaben.

Die nach dem 1. April 1991 aus einem der Postunternehmen ausgeschiedenen Versorgungsempfänger werden grundsätzlich von dem Unternehmen betreut, bei dem sie vor ihrer Zurruhesetzung beschäftigt waren. Den zu diesem Zeitpunkt bereits vorhandenen sogenannten Altversorgungsempfängern stand ein einmaliges Wahlrecht zu, um sich für ihr zukünftiges "Betreuungsunternehmen" zu entscheiden. Die überwiegende Anzahl der Altversorgungsempfänger der Deutschen Telekom AG entschied sich dafür, weiterhin durch eine Niederlassung der Deutschen Bundespost Postdienst und in der Folge der Deutschen Post AG betreut zu werden.

Die Deutsche Post AG stellte bis zur vereinbarten Überführung des gesamten Altbestandes für diesen Personenkreis der Deutschen Telekom AG den diesbezüglich erforderlichen Personal- und Sachaufwand in Rechnung. Seit dem 1. Januar 2000 nimmt die Deutsche Telekom AG die Betreuung der Altversorgungsempfänger selbst wahr. Dadurch kommt es zwar zu einem Wegfall der Forderung der Deutschen Post AG, jedoch erhöht sich bei der Deutschen Telekom AG der interne Verwaltungsaufwand entsprechend. Folglich besteht eine rechtliche Verpflichtung der Deutschen Telekom AG zu Aufwendungen im Zusammenhang mit der Betreuung ehemaliger Mitarbeiter der Deutschen Telekom AG (Altversor-

1 Vgl. im Einzelnen Battis, Kommentar zum Bundesbeamtengesetz, § 79 Rdnr. 1 ff.

gungsempfänger), und zwar bis zum 31. Dezember 1999 in Form von Verwaltungskosten-Erstattungen an die Deutsche Post AG und ab dem 1. Januar 2000 als erhöhter interner Verwaltungsaufwand.

d) Zuschüsse an die Postbeamtenkrankenkasse

Darüber hinaus können Zuschüsse an die Postbeamtenkrankenkasse im Rahmen der Entgeltgenehmigung nur berücksichtigt werden, soweit und solange hierfür u.a. eine rechtliche Verpflichtung besteht. Gemäß § 26 Abs. 5 Satz 2 BAPostG gehen Ausgaben der Postbeamtenkrankenkasse, die durch die Beihilfepauschale, den Zuschuss der Aktiengesellschaften und die Beiträge der Mitglieder nicht gedeckt werden, zu Lasten der Aktiengesellschaften.[1]

Die gemäß § 26 Abs. 2 BAPostG zum 1. Januar 1995 erfolgte Schließung der umlagenfinanzierten Postbeamtenkrankenkasse in ihrem Bestand und die Begrenzung der Beiträge der Mitglieder gemäß § 26 Abs. 3 BAPostG verursachen in diesem Zusammenhang eine Unterdeckung in der Postbeamtenkrankenkasse. Die aus fehlenden Neuzugängen resultierende Verschlechterung der Altersstruktur und das damit verbundene Überalterungsrisiko in der Postbeamtenkrankenkasse führt dabei zu einem überproportionalen Anstieg der Leistungen, die durch die Beiträge der Mitglieder nicht mehr ausgeglichen werden können und von den Aktiengesellschaften anteilig zu finanzieren sind. Demzufolge besteht eine rechtliche Verpflichtung der Deutschen Telekom AG zur Zahlung von diesbezüglichen Zuschüssen an die Postbeamtenkrankenkasse.

e) Aufwendungen an die Bundesanstalt für Post und Telekommunikation Deutsche Bundespost

Weiterhin kommt die Übernahme von Aufwendungen der Bundesanstalt für Post und Telekommunikation Deutsche Bundespost (Bundesanstalt) als neutraler Aufwand in Betracht. Derartige Aufwendungen können dabei im Rahmen der Entgeltgenehmigung nur berücksichtigt werden, soweit und solange hierfür u.a. eine rechtliche Verpflichtung besteht.

Nach § 19 Abs. 2 BAPostG nimmt die Bundesanstalt nach Maßgabe entgeltlicher Geschäftsbesorgungsverträge, die sie mit den ehemaligen Unternehmen der Deutschen Bundespost abschließt, Aufgaben nach § 3 Abs. 2 BAPostG wahr.[2]

---

1 Fangmann/Lörcher/Scheurle/Schwemmle/Wehner, Kommentar zum Telekommunikations- und Postrecht, Teil I, 2. Bundesanstalt Post-Gesetz, § 26 Rdnr. 19.

2 Vgl. Fangmann/Lörcher/Scheurle/Schwemmle/Wehner, Kommentar zum Telekommunikations- und Postrecht, Teil I, 2. Bundesanstalt Post-Gesetz, § 19 Rdnr. 3.

Die mit der Aufgabenwahrnehmung durch die Bundesanstalt verbundenen Ausgaben werden aus den vertraglich vereinbarten Entgelten finanziert. Gemäß § 3 Abs. 2 BAPostG hat die Bundesanstalt folgende Aufgaben:

1. Koordinierung der Unternehmen gemäß § 11;
2. Anregungen für das äußere Erscheinungsbild der Unternehmen gemäß § 12;
3. Beratung bei der Ausarbeitung von Führungsgrundsätzen gemäß § 13;
4. Abschluss von Manteltarifverträgen gemäß § 14;
5. Überleitungsmaßnahmen für das Personal nach Abschnitt 7;
6. soziale Aufgaben nach Maßgabe des Abschnitts 8;
7. Erstellen der Grundsätze der Wohnungsfürsorge gemäß § 27;[1]
8. Prüfung von Entscheidungen in Disziplinarverfahren und Mißbilligungen gemäß § 15;
9. Prüfung von Entlassungen, Zurruhesetzungen und Herabsetzung der Arbeitszeit wegen begrenzter Dienstfähigkeit gemäß § 16;
10. Mitwirkung vor Erlass einer Rechtsverordnung gemäß § 17;
11. Mitwirkung vor Genehmigung des Stellenplans einer Aktiengesellschaft gemäß § 18[2].

Bei den in § 3 Abs. 2 BAPostG unter der Ziffer 4 und den Ziffern 6 bis 11 genannten Aufgaben handelt es sich um „Pflichtleistungen", die die Aktiengesellschaften abzunehmen haben. Dies bedeutet, dass bezüglich dieser Aufgaben für beide Seiten ein Kontrahierungszwang besteht.

Dabei entfallen über 99% der Aufwendungen auf die Aufgaben der Ziffer 6 „Soziale Aufgaben nach Maßgabe des Abschnitts 8" (§§ 25 bis 28 BAPostG), die im Folgenden näher erläutert werden. § 25 und § 26 Abs. 1 und 2 BAPostG regeln u.a., dass die Bundespost-Betriebskrankenkasse (BKK Post) nach den Bestimmungen des Postsozialversicherungsorganisationsgesetzes[3], die betrieblichen Sozialeinrichtungen der früheren Deutschen Bundespost „Versorgungsanstalt der Deutschen Bundespost (VAP)", „Erholungswerk der Deutschen Bundespost (EW)" und „Postbeamtenkrankenkasse (PBeaKK)" durch die Bundesanstalt für

---

1 Vgl. im Einzelnen die Darstellung unter C.II.2.b).

2 Vgl. im Einzelnen die Darstellung unter C.II.2.a)aa)(A).

3 Gesetz über die Träger der gesetzlichen Sozialversicherung im Bereich der früheren Deutschen Bundespost (Postsozialversicherungsorganisationsgesetz - PostSVOrgG) vom 14. September 1994, BGBl. I S. 2338 (verkündet als Art. 2 PTNeuOG), geändert durch Art. 2 des Begleitgesetzes zum Telekommunikationsgesetz (BegleitG) vom 17. Dezember 1997, BGBl. I S. 3108; dazu Fangmann/Lörcher/Scheurle/Schwemmle/Wehner, Kommentar zum Telekommunikations- und Postrecht, Teil I, 3. Postsozialversicherungsorganisationsgesetz, § 7 Rdnr. 1 ff.

die Aktiengesellschaften weitergeführt werden. Nach § 26 Abs. 6 BAPostG i.V.m. der Anlage 3 werden die betrieblichen Sozialeinrichtungen der früheren Deutschen Bundespost „Betreuungswerk der Deutschen Bundespost (BeW)", „Postunterstützungskasse", „Studienstiftung der Deutschen Bundespost" und die Tonbandfachzeitschrift „Die Brücke" durch die Bundesanstalt für die Aktiengesellschaften aufrechterhalten; die Selbsthilfeeinrichtungen der früheren Deutschen Bundespost „Post-, Spar- und Darlehensvereine", „Versicherungsvereine", „Vereinigungen des Postpersonals" und „Einrichtungen zur Förderung der Völkerverständigung" werden durch die Bundesanstalt weiter gefördert.

Die mit der diesbezüglichen Aufgabenwahrnehmung im Zusammenhang stehenden Personal- und Sachaufwendungen der Bundesanstalt werden gemäß § 19 Abs. 2 BAPostG jeder Aktiengesellschaft jährlich anteilig in Rechnung gestellt. Demzufolge besteht eine rechtliche Verpflichtung der Deutschen Telekom AG zur Übernahme der anteiligen Aufwendungen der Bundesanstalt.

f) Aufwendungen für Krisenvorsorge und Zivilschutz

Des Weiteren setzt auch die Berücksichtigungsfähigkeit der Aufwendungen für Krisenvorsorge und Zivilschutz im Rahmen der Entgeltgenehmigung eine rechtliche Verpflichtung voraus. Nach dem Gesetz zur Sicherstellung des Postwesens und der Telekommunikation (Post- und Telekommunikationssicherstellungsgesetz - PTSG)[1] und der auf der Grundlage der §§ 3, 4 sowie 9 dieses Gesetzes ergangenen Verordnungen (Verordnung zur Sicherstellung der Post- und Telekommunikationsversorgung durch Schutzvorkehrungen und Maßnahmen des Zivilschutzes (Post- und Telekommunikations-Zivilschutzverordnung - PTZSV)[2] und Verordnung zur Sicherstellung von Telekommunikationsdienstleistungen sowie zur Einräumung von Vorrechten bei deren Inanspruchnahme (Telekommunikations-Sicherstellungs-Verordnung - TKSiV)[3]) bestehen u.a. für die Deutsche

1 Gesetz zur Sicherstellung des Postwesens und der Telekommunikation (Post- und Telekommunikationssicherstellungsgesetz - PTSG) vom 14. September 1994, BGBl. I S. 2378 (verkündet als Art. 10 PTNeuOG), geändert durch Art. 2 des Begleitgesetzes zum Telekommunikationsgesetz (BegleitG) vom 17. Dezember 1997, BGBl. I S. 3108, geändert durch Art. 13 des Post- und telekommunikationsrechtlichen Bereinigungsgesetzes vom 7. Mai 2002, BGBl. I S. 1529.

2 Verordnung zur Sicherstellung der Post- und Telekommunikationsversorgung durch Schutzvorkehrungen und Maßnahmen des Zivilschutzes (Post- und Telekommunikations-Zivilschutzverordnung - PTZSV) vom 23. Oktober 1996, BGBl. I S. 1539, geändert durch Art. 15 des Post- und telekommunikationsrechtlichen Bereinigungsgesetzes vom 7. Mai 2002, BGBl. I S. 1529.

3 Verordnung zur Sicherstellung von Telekommunikationsdienstleistungen sowie zur Einräumung von Vorrechten bei deren Inanspruchnahme (Telekommunikations-

Telekom AG besondere gesetzliche Verpflichtungen zur Sicherstellung einer ausreichenden Versorgung mit Telekommunikationsdienstleistungen bei einer Naturkatastrophe oder bei einem besonders schweren Unglücksfall, im Rahmen der Notfallbewältigung auf Grund internationaler Vereinbarungen, im Rahmen der Zusammenarbeit mit den Vereinten Nationen, im Rahmen von Bündnisverpflichtungen sowie im Spannungs- und im Verteidigungsfall.[1] Demnach besteht eine rechtliche Verpflichtung der Deutschen Telekom AG zu diesbezüglichen Aufwendungen für Krisenvorsorge und Zivilschutz.

g) Zuschüsse für die Museumsstiftung Post und Telekommunikation

Darüber hinaus können Zuschüsse für die Museumsstiftung Post und Telekommunikation, deren Zweck die Erschließung, Sammlung und Darstellung der gesamten Entwicklung der Nachrichtenübermittlung und des damit im Zusammenhang stehenden Bank-, Güter- und Personenverkehrs im Post- und Fernmeldewesen ist, im Rahmen der Entgeltgenehmigung nur berücksichtigt werden, soweit und solange hierfür u.a. eine rechtliche Verpflichtung besteht. Nach § 4 Abs. 1 Ziffer 2 des Gesetzes zur Errichtung einer Museumsstiftung Post und Telekommunikation (PTStiftG)[2] wird die Stiftung u.a. durch Zuschüsse der aus den Teilsondervermögen der Deutschen Bundespost hervorgegangenen Aktiengesellschaften finanziert. Dabei leisten die Unternehmen Deutsche Post AG und Deutsche Telekom AG für die Museumsstiftung Post und Telekommunikation die jährlichen Zuschüsse zu gleichen Teilen. Demzufolge besteht eine rechtliche Verpflichtung der Deutschen Telekom AG zur Leistung von Zuschüssen für die Museumsstiftung Post und Telekommunikation.

3. Sonstige Belastungen durch zusätzliche Leistungen

Des Weiteren kommen sonstige Belastungen durch zusätzliche Leistungen seitens der Deutschen Telekom AG als neutraler Aufwand in Betracht, die die Deutsche Telekom AG in Erfüllung sozialer und gesellschaftlicher Verantwortung erbringt.

Sicherstellungs-Verordnung - TKSiV) vom 26. November 1997, BGBl. I S. 2751, geändert durch Art. 17 des Post- und telekommunikationsrechtlichen Bereinigungsgesetzes vom 7. Mai 2002, BGBl. I S. 1529.

1 Fangmann, Das neue Telekommunikationsgesetz, Kapitel 3.2, S. 21.

2 Gesetz zur Errichtung einer Museumsstiftung Post und Telekommunikation (PTStiftG) vom 14. September 1994, BGBl. I S. 2382 (verkündet als Art. 11 PTNeuOG); dazu Fangmann, Das neue Telekommunikationsgesetz, Kapitel 3.2, S. 21.

Dazu zählen insbesondere das verbilligte Angebot von Leistungen an Hilfsbedürftige (Sozialanschlüsse/Sozialtarife im Telefondienst), das Programm Schulen ans Netz und die entgeltfreien Leistungen der Telefonseelsorge.

a) Sozialanschlüsse und Sozialtarife

Zugunsten von einkommensschwachen und behinderten Menschen gewährte die Deutsche Telekom AG in der Vergangenheit einen Nachlass auf den Grundpreis des analogen Telefonanschlusses (Sozialanschlüsse). Seit dem 1. Dezember 1999 erfolgt die Anrechnung des Nachlasses auf Verbindungsleistungen, die über das Telefonnetz der Deutschen Telekom AG geführt werden (Sozialtarife).

Momentan nutzen mehr als 1,9 Millionen Menschen die vergünstigten Angebote. Dadurch entstehen der Deutschen Telekom AG Aufwendungen in Höhe von ca. 1,5 Millionen Euro pro Jahr.[1]

b) Schulen ans Netz

Mit der Initiative „Schulen ans Netz" bzw. „T@School" unterstützt die Deutsche Telekom AG durch die Bereitstellung von finanziellen Mitteln und sonstigen Unterstützungsleistungen den dauerhaft kostenfreien Zugang von Schulen zum Internet.

c) Telefonseelsorge

Zugunsten der Telefonseelsorge der Katholischen und der Evangelischen Kirche stellt die Deutsche Telekom AG den Free-Call 800'er Dienst kostenlos zur Verfügung. Dabei belaufen sich die Aufwendungen für die Netzinfrastruktur, die Bereitstellung und die Verbindungsentgelte auf rund 2,6 Millionen Euro pro Jahr.[2]

Derartige Aufwendungen können im Rahmen der Entgeltgenehmigung nur berücksichtigt werden, soweit und solange hierfür eine rechtliche Verpflichtung besteht oder das beantragende Unternehmen eine sonstige sachliche Rechtfertigung nachweist. Da eine rechtliche Verpflichtung für die o.g. Leistungen nicht in Betracht kommt, bedarf es zur Berücksichtigung entsprechender Aufwendungen somit einer sonstigen sachlichen Rechtfertigung.

---

1 Vgl. dazu im Einzelnen die Informationen der Deutschen Telekom AG, verfügbar unter <http://www.telekom3.de/de-p/konz/7-sp/2-so/inha/030213-sozialanschluesse-ar.html>.

2 Vgl. dazu im Einzelnen die Informationen der Deutschen Telekom AG, verfügbar unter <http://www.telekom3.de/de-p/konz/7-sp/2-so/inha/030213-telefonseelsorge-ar.html>.

Zur Beantwortung der Frage, ob eine sonstige sachliche Rechtfertigung vorliegt, ist eine Abwägung der Interessen der Beteiligten in Form einer normativen Bewertung vorzunehmen.[1] Gegen die Möglichkeit der Geltendmachung diesbezüglicher Aufwendungen spricht, dass es sich um Leistungen handelt, die einer werbewirksamen Vermarktung zugänglich sind und die im Fall des Projektes Schulen ans Netz auch werbewirksam vermarktet werden. Danach könnten sie dem Bereich Vertrieb und Marketing zuzuordnen sein, da sie insgesamt dem Vertriebserfolg und der Imagepflege der Deutschen Telekom AG im Endkundensegment dienen sollen und auch andere Unternehmen das Instrument des Sozialsponsering gezielt als Werbe- und Marketinginstrument einsetzen. Demzufolge käme aus Sicht der Wettbewerber ausschließlich eine Finanzierung über die Endkundenentgelte der Deutschen Telekom AG in Betracht.

Dem ist jedoch entgegenzuhalten, dass die Gewährung von Rabatten auf Telefonanschlüsse und auf Verbindungsleistungen zugunsten von Hilfsbedürftigen und das kostenlose Zurverfügungstellen der Telefonseelsorge der Sicherstellung einer flächendeckenden Grundversorgung mit Telekommunikationsdienstleistungen (Universaldienstleistungen) zu erschwinglichen Preisen auch für Benachteiligte und weniger Leistungsfähige gemäß § 2 Abs. 2 Ziffer 3 TKG[2] und das Förderprogramm Schulen ans Netz der Förderung von Telekommunikationsdiensten bei öffentlichen Einrichtungen nach § 2 Abs. 2 Ziffer 4 TKG[3] und damit der Verwirklichung der mit dem Telekommunikationsgesetz verfolgten Ziele der Regulierung dienen. Folglich ist die Berücksichtigung diesbezüglicher Aufwendungen als sachlich gerechtfertigt anzusehen.

Fraglich ist des Weiteren, ob die Freiwilligkeit der Leistungen der Berücksichtigungsfähigkeit diesbezüglicher Aufwendungen im Rahmen der Entgeltgenehmigung entgegensteht. Insoweit ist jedoch einerseits zu berücksichtigen, dass die Erbringung der o.g. Leistungen nicht ausschließlich auf einer freien unternehmerischen Entscheidung der Deutschen Telekom AG beruht. Hinsichtlich der Einführung von Vergünstigungen zugunsten aus sozialen Gründen Bedürftiger erhält die Deutsche Telekom AG lediglich zuvor von der Deutschen Bundespost Telekom erbrachte Leistungen für Hilfsbedürftige weiterhin aufrecht. Darüber hinaus erfolgen diese und die weiteren freiwilligen Leistungen der Deutschen Telekom AG wie die Telefonseelsorge und das Projekt Schulen ans Netz auch in

---

1 Schuster/Stürmer, in: Beck'scher TKG-Kommentar, Anhang § 27, § 3 TEntgV Rdnr. 37 i.V.m. § 24 Rdnr. 58 ff.; Manssen, in: Manssen, Kommentar, TKG, Band 1, Anhang § 27, TEntgV Rdnr. 39.

2 Vgl. Schuster, in: Beck'scher TKG-Kommentar, § 2 Rdnr. 24 f.

3 Scheurle, in: Scheurle/Mayen, Kommentar zum TKG, § 2 Rdnr. 17; Manssen, in: Manssen, Kommentar, TKG, Band 1, § 2 Rdnr. 8.

Erfüllung der sozialen und gesellschaftlichen Verantwortung als größtem deutschen Telekommunikationsunternehmen.

Andererseits resultiert aus der Freiwilligkeit einer Leistung im Rahmen des § 3 Abs. 4 Satz 2, 2. Alternative TEntgV nicht, dass die dafür notwendigen Aufwendungen im Rahmen der Entgeltgenehmigung nicht zu berücksichtigen sind. Ausdrücklich finden auch solche Aufwendungen Berücksichtigung, für die eine sachliche Rechtfertigung ohne rechtliche Verpflichtung besteht.[1]

Folglich steht die Freiwilligkeit der Leistungen der Berücksichtigungsfähigkeit diesbezüglicher Aufwendungen im Rahmen der Entgeltgenehmigung nicht entgegen. Derartige Aufwendungen sind damit sachlich gerechtfertigt.

4. Auslegungsmethoden

Zu prüfen ist jedoch, ob und – bejahendenfalls – inwieweit der Wortlaut des § 3 Abs. 4 TEntgV durch Auslegung einzuschränken ist.

a) Systematische Auslegung

Im Rahmen der systematischen Auslegung erfolgt die Ermittlung des rechtlich maßgebenden Sinnes dadurch, dass man den Zusammenhang und das Verhältnis der zu interpretierenden Vorschrift zu anderen Bestimmungen beachtet.[2]

aa) Verhältnis zu § 24 Abs. 2 Nr. 1 i.V.m. Abs. 1 Satz 1 TKG

Folglich ist zunächst das Verhältnis des § 3 Abs. 4 TEntgV zu § 24 Abs. 2 Nr. 1 i.V.m. Abs. 1 Satz 1 TKG zu bestimmen. Es könnte sich bei der Einbeziehung von neutralen Aufwendungen in ein genehmigtes Entgelt nach Maßgabe des § 3 Abs. 4 TEntgV im Verhältnis zum Verbot von Aufschlägen auf die Kosten der effizienten Leistungsbereitstellung i.S.d. § 24 Abs. 2 Nr. 1 i.V.m. Abs. 1 Satz 1 TKG um einen Ausnahmetatbestand handeln, denn Ausgaben, die über die Kosten der effizienten Leistungserstellung hinaus anfallen, könnten unter Wettbewerbsbedingungen nicht verdient werden. Sie führten zu einem Verlust des Unternehmens bzw. – wenn sie nachhaltig anfallen – zu einem Ausscheiden des

---

1 Vgl. Manssen, in: Manssen, Kommentar, TKG, Band 1, Anhang § 27, TEntgV Rdnr. 38 f.

2 Brox, Allgemeiner Teil des BGB, Rdnr. 61.

Unternehmens aus dem Wettbewerb.[1] Demnach wäre eine restriktive Auslegung der Vorschrift geboten.[2]

Als gesetzliche und damit gegenüber § 3 Abs. 4 TEntgV vorrangige Bestimmung sieht § 24 Abs. 1 Satz 1 TKG von dem Grundsatz, dass sich die Entgelte an den Kosten der effizienten Leistungsbereitstellung zu orientieren haben, keine Ausnahme vor. Dem Grundsatz der Orientierung an den Kosten der effizienten Leistungsbereitstellung kommt demnach eine besondere Bedeutung zu.

§ 24 Abs. 1 Satz 1 TKG unterstellt die Entgelte jedoch auch den Anforderungen des Absatzes 2. Dabei stellt das Verbot von Aufschlägen nach Maßgabe des § 24 Abs. 2 Nr. 1 TKG lediglich eine Konkretisierung des Grundsatzes der Orientierung der Entgelte an den Kosten der effizienten Leistungsbereitstellung dar.[3] Die in Absatz 2 genannten Tatbestände stehen jedoch von vornherein unter dem Vorbehalt einer sachlichen Rechtfertigung; sie beinhalten somit lediglich grundsätzliche Verbote. Folglich handelt es sich bei der Berücksichtigung von neutralen Aufwendungen im Rahmen der Entgeltgenehmigung nach § 3 Abs. 4 TEntgV im Verhältnis zum Verbot von Aufschlägen auf die Kosten der effizienten Leistungsbereitstellung i.S.d. § 24 Abs. 2 Nr. 1 i.V.m. Abs. 1 Satz 1 TKG nicht um einen Ausnahmetatbestand; vielmehr fügt sich § 3 Abs. 4 TEntgV in die Systematik von Grundsatz und Ausnahme des § 24 TKG ein.

Weiterhin könnte die einschränkende Formulierung „soweit und solange" in § 3 Abs. 4 TEntgV darauf hinweisen, dass sogenannte, für die effiziente Leistungsbereitstellung nicht notwendige Aufwendungen sowie andere neutrale Aufwendungen nur in Ausnahmefällen berücksichtigt werden sollen. Derartige Aufwendungen können nach § 3 Abs. 4 TEntgV zwar nicht ohne Weiteres im Rahmen der Entgeltregulierung geltend gemacht werden, sondern nur, soweit und solange hierfür eine rechtliche Verpflichtung besteht oder das beantragende Unternehmen eine sonstige sachliche Rechtfertigung nachweist. Bei Vorliegen dieser Voraussetzungen sind entsprechende Aufwendungen im Rahmen der Entgeltgenehmigung allerdings zu berücksichtigen. Durch die Formulierung „soweit und solange" wird lediglich auf den Umstand hingewiesen, dass eine Berücksichtigung nur in dem Umfang und für den Zeitraum in Frage kommt, für den die rechtliche Verpflichtung oder die sonstige sachliche Rechtfertigung besteht. Für eine darüber hinausgehende restriktive Handhabung der Regelung besteht somit kein Raum.

1 Schuster/Stürmer, in: Beck'scher TKG-Kommentar, Anhang § 27, § 3 TEntgV Rdnr. 35 f.
2 Becker, K&R 1999, 112 (120); Moritz, RTkom 2000, 102 (111); Stamm, Die Entgeltregulierung im TKG, Abschnitt D. III. 2. d) bb).
3 Moritz, RTkom 2000, 102 (106).

bb) Verhältnis zu § 2 Abs. 2 Nr. 2 TKG i.V.m. § 1 TKG

Zu erwägen ist weiterhin, dass die Berücksichtigung der o.g. Aufwendungen im Rahmen der Entgeltgenehmigung dem Regulierungsziel des § 2 Abs. 2 Nr. 2 TKG[1] bzw. dem Zweck des Telekommunikationsgesetzes gemäß § 1 TKG[2] widersprechen könnte, wonach ein chancengleicher und funktionsfähiger Wettbewerb[3] auf den Märkten der Telekommunikation sichergestellt und gefördert werden soll. Ein derartiges Verständnis des § 3 Abs. 4 TEntgV hat zwar zur Folge, dass über die genehmigten Entgelte die Wettbewerber mit einem Teil der ineffizienten Kosten der Deutschen Telekom AG, die aus ihrer ehemaligen Monopolstellung als öffentliches Unternehmen resultieren, belastet werden. Es stellt aber keine regulatorisch nicht zu rechtfertigende Privilegierung des marktbeherrschenden Unternehmens dar.

Denn einerseits stehen Existenz und Wortlaut des § 3 Abs. 4 TEntgV einer solchen Schlussfolgerung bereits entgegen. Andererseits ist es gerade Sinn und Zweck der Vorschrift, dem Unternehmen eine Deckung seiner auf Grund rechtlicher Verpflichtungen oder sonstiger sachlicher Gründe entstandenen neutralen Aufwendungen zu ermöglichen, um Verluste des Unternehmens zu vermeiden.[4]

Denn den ehemaligen Postunternehmen ist bei deren Privatisierung im Rahmen der Postreform II eine Reihe von fortdauernden Verpflichtungen auferlegt worden, die nicht durch Effizienzsteigerungen auf der Grundlage freier unternehmerischer Entscheidungen vermeidbar sind. Derartige Verpflichtungen verursachen eine zusätzliche Kostenbelastung und eine erhebliche Beeinträchtigung der Flexibilität der Unternehmen, und zwar insbesondere in Bezug auf den Bereich der Personalanpassung. Solche Aufwendungen müssen über die Dienstleistungen, die die Deutsche Telekom AG am Markt anbietet, erwirtschaftet werden.

Eine Berücksichtigung dieser Aufwendungen ausschließlich bei Preisen für Dienstleistungen, die nicht der Entgeltregulierung unterliegen, steht einerseits nicht im Einklang mit der Intention des Gesetzgebers, Belastungen zu reduzieren,

---

1 Vgl. Scheurle, in: Scheurle/Mayen, Kommentar zum TKG, § 2 Rdnr. 13 f.; Schuster, in: Beck'scher TKG-Kommentar, § 2 Rdnr. 19.

2 Vgl. Manssen, in: Manssen, Kommentar, TKG, Band 1, § 1 Rdnr. 7; Scheurle, in: Scheurle/Mayen, Kommentar zum TKG, § 1 Rdnr. 7.

3 Vgl. zum Begriff des funktionsfähigen Wettbewerbs im deutschen Telekommunikationsrecht im Einzelnen Koenig/Vogelsang/Kühling/Loetz/Neumann, K&R 2003, 8 ff.

4 Stamm, Die Entgeltregulierung im TKG, Abschnitt D. III. 2. d) bb); Schuster/Stürmer, in: Beck'scher TKG-Kommentar, Anhang § 27, § 3 TEntgV Rdnr. 36.

die auf fortdauernden Verpflichtungen des ehemaligen Monopolisten beruhen[1], da die Deutsche Telekom AG einen Großteil des Umsatzes nach wie vor im Bereich der ehemaligen Monopoldienstleistungen erwirtschaftet.[2] Andererseits wäre eine Finanzierung der Aufwendungen nach § 3 Abs. 4 TEntgV allein über nicht regulierte Entgelte auf Grund ihres geringeren Anteils am Gesamtumsatzvolumen kaum zu realisieren, zumal eine Belastung allein der nicht entgeltregulierten Dienstleistungen ein wettbewerbliches Angebot der Deutschen Telekom AG in diesen Bereichen erheblich erschwerte. In diesem Zusammenhang ist ferner zu berücksichtigen, dass der Deutschen Telekom AG auf dem Geschäftsfeld der nicht entgeltregulierten Dienstleistungen die Möglichkeit einzuräumen ist, durch die Vermarktung neuer Produkte den Umsatzrückgang in der (Telefon-)Netzkommunikation zumindest zum Teil zu kompensieren.

Eine Berücksichtigung innerhalb der genehmigungspflichtigen Entgelte allein bei den Endkundenentgelten ist einerseits mit dem Regulierungsziel der Wahrung der Interessen der Nutzer auf dem Gebiet der Telekommunikation gemäß § 2 Abs. 2 Nr. 1 TKG[3] nicht zu vereinbaren. Darüber hinaus hätte andererseits eine solche Vorgehensweise insofern wettbewerbsverzerrenden Charakter, als die für eine effiziente Leistungsbereitstellung nicht notwendigen Aufwendungen der Deutschen Telekom AG nicht wettbewerbsneutral sowohl auf Vorleistungen für die Wettbewerber wie auf Endkundenleistungen umgelegt werden könnten. Demnach widerspricht die Berücksichtigung der o.g. Aufwendungen im Rahmen der Entgeltgenehmigung nicht dem Regulierungsziel des § 2 Abs. 2 Nr. 2 TKG bzw. dem Zweck des Telekommunikationsgesetzes gemäß § 1 TKG.

b) Teleologische Auslegung

Im Rahmen der teleologischen Auslegung ist der Sinn und Zweck der Vorschrift zu ermitteln.[4]

---

1 Vgl. Manssen, in: Manssen, Kommentar, TKG, Band 1, Anhang § 27, TEntgV Rdnr. 39.

2 Laut Bericht für das Geschäftsjahr 2002 (Kurzfassung) stellt das Festnetzgeschäft in der Division T-Com den größten Umsatzträger der Deutschen Telekom AG dar (S. 22 f.).

3 Vgl. Scheurle, in: Scheurle/Mayen, Kommentar zum TKG, § 2 Rdnr. 9; Schuster, in: Beck'scher TKG-Kommentar, § 2 Rdnr. 5.

4 Brox, Allgemeiner Teil des BGB, Rdnr. 63.

aa) Beschränkung des Anwendungsbereiches

Der Anwendungsbereich des § 3 Abs. 4 TEntgV könnte von vornherein auf regulatorische Vorgaben des Telekommunikationsgesetzes zu beschränken sein. Eine Berücksichtigung im Rahmen des § 3 Abs. 4 TEntgV erfolgte dann nur von solchen auf Ineffizienzen beruhenden Kosten, die sich als Folge einer gesetzlichen Einschränkung der unternehmerischen Handlungsfreiheit der Deutschen Telekom AG aus spezifisch regulatorischen Gründen darstellen. Dazu zählten z.B. Kosten für den Datenschutz und für Überwachungsmaßnahmen nach dem 11. Teil des Telekommunikationsgesetzes. Mangels einer solchen regulatorisch motivierten gesetzlichen Verpflichtung fielen z.B. hierunter hingegen nicht die im Zusammenhang mit Personalabbaumaßnahmen anfallenden Kosten.

Solche Kosten zur Erfüllung der regulatorischen Vorgaben des Telekommunikationsgesetzes stellen jedoch bereits einen Teil der Kosten der effizienten Leistungsbereitstellung gemäß § 3 Abs. 2 TEntgV dar und übersteigen diese somit nicht, so dass § 3 Abs. 4 TEntgV nicht zur Anwendung kommt. Denn zur effizienten Leistungsbereitstellung und damit zum kostenminimalen Angebot eines bestimmten Dienstes bedarf es aus rein technischer Sicht keinerlei Investitionen in Einrichtungen der Fernmeldeüberwachung oder in Datenschutzvorrichtungen. Die Verpflichtung zu diesbezüglichen Investitionstätigkeiten resultiert vielmehr aus bestimmten gesetzlichen Auflagen. Jedoch stellt eine Bestimmung der Kosten der effizienten Leistungsbereitstellung ohne Berücksichtigung der rechtlichen Rahmenbedingungen eine rein theoretische Fallgestaltung dar und ist folglich als nicht sachgerecht abzulehnen.

In diesem Zusammenhang ist insbesondere zu berücksichtigen, dass solche Kosten zur Erfüllung der regulatorischen Vorgaben etwa aus dem 11. Teil des Telekommunikationsgesetzes jeder Anbieter von Telekommunikationsdienstleistungen im Geltungsbereich des Telekommunikationsgesetzes zu tragen hat. Sie bilden schon aus diesem Grunde einen Teil der Kosten der effizienten Leistungsbereitstellung in der Bundesrepublik Deutschland und übersteigen diese nicht. Folglich gelangt § 3 Abs. 4 TEntgV nicht zur Anwendung.

bb) Kausalität

Zu untersuchen ist des Weiteren, ob über den Wortlaut des § 3 Abs. 4 TEntgV hinaus ein kausaler Zusammenhang der im Rahmen eines Entgeltregulierungsverfahrens geltend gemachten neutralen Aufwendungen zu der konkreten Leistung, deren Entgelt Gegenstand des jeweiligen Genehmigungsantrages ist, zu bestehen hat. Denn nach dem Wortlaut des § 3 Abs. 4 Satz 2 TEntgV werden neutrale Aufwendungen „im Rahmen der Entgeltgenehmigung nur berücksichtigt, soweit und solange hierfür eine rechtliche Verpflichtung besteht oder das beantragende Unternehmen eine sonstige sachliche Rechtfertigung nachweist". Danach setzt der Verordnungsgeber zunächst das Bestehen einer abstrakten rechtlichen Verpflichtung oder einer sonstigen sachlichen Rechtfertigung voraus. Durch die Formulierung „nur berücksichtigt, soweit und solange" wird darüber hinaus auf den Umstand hingewiesen, dass eine Berücksichtigung im Rahmen der Entgeltgenehmigung ausschließlich in dem Umfang und für den Zeitraum in Frage kommt, für den die rechtliche Verpflichtung oder die sonstige sachliche Rechtfertigung besteht. Der Begriff „hierfür" stellt in diesem Zusammenhang lediglich den Bezug zwischen den in § 3 Abs. 4 Satz 2, 2. Halbsatz TEntgV geregelten Voraussetzungen und dem Regelungsobjekt der neutralen Aufwendungen des § 3 Abs. 4 Satz 2, 1. Halbsatz TEntgV her.

Der Sinn und Zweck des § 3 Abs. 4 TEntgV könnte aber einen kausalen Zusammenhang der geltend gemachten neutralen Aufwendungen zu der konkreten Leistung, für die die Entgeltgenehmigung beantragt wird, erfordern. Mit der Berücksichtigung von neutralen Aufwendungen im Rahmen der Entgeltgenehmigung unter den Voraussetzungen des § 3 Abs. 4 TEntgV verfolgt der Verordnungsgeber die Absicht, der Gefahr vorzubeugen, dass Aufwendungen, die die Kosten der effizienten Leistungsbereitstellung übersteigen, auf dem Markt nicht verdient werden können und somit zu Verlusten führen.[1] Die Intention des Gesetzgebers ist es demnach, dem Unternehmen eine Deckung seiner auf Grund rechtlicher Verpflichtungen oder sonstiger sachlicher Gründe entstandenen neutralen Aufwendungen zu ermöglichen, um Verluste des Unternehmens zu vermeiden, die auf einer Reihe von fortdauernden Verpflichtungen aus der Vergangenheit beruhen und die durch Effizienzsteigerungen auf der Grundlage freier unternehmerischer Entscheidungen nicht vermeidbar sind.[2]

Demgemäß spiegelt auch der Wortlaut des § 3 Abs. 4 TEntgV die Intention des Gesetzgebers wider. Gemäß § 3 Abs. 4 Satz 1 TEntgV gelten die nach § 2 Abs. 2 TEntgV nachgewiesenen Kosten, soweit sie die Kosten der effizienten Leistungsbereitstellung nach Absatz 2 übersteigen, als Aufwendungen, die für die effiziente Leistungsbereitstellung nicht notwendig sind. Damit knüpft § 3 Abs. 4 Satz 1 TEntgV an § 3 Abs. 2 TEntgV an, der die Kosten der effizienten Leistungsbereitstellung konkretisiert. Danach ergeben sich die Kosten der effizienten Leistungsbereitstellung aus den langfristigen zusätzlichen Kosten der Leistungsbereitstellung und einem angemessenen Zuschlag für leistungsmengenneutrale

---

1 Vgl. Manssen, in: Manssen, Kommentar, TKG, Band 1, Anhang § 27, TEntgV Rdnr. 39; Stamm, Die Entgeltregulierung im TKG, Abschnitt D. III. 2. d) bb).

2 Schuster/Stürmer, in: Beck'scher TKG-Kommentar, Anhang § 27, § 3 TEntgV Rdnr. 36.

Gemeinkosten, jeweils einschließlich einer angemessenen Verzinsung des eingesetzten Kapitals, soweit diese Kosten *jeweils* für die Leistungsbereitstellung notwendig sind. § 3 Abs. 4 Satz 2 TEntgV wiederum nimmt Bezug auf § 3 Abs. 4 Satz 1 TEntgV, indem mit der Formulierung „Diese Aufwendungen" die Kosten, die die Kosten der effizienten Leistungsbereitstellung übersteigen und damit als Aufwendungen gelten, die für die effiziente Leistungsbereitstellung nicht notwendig sind, wieder aufgenommen und anderen neutralen Aufwendungen gleichgestellt werden. Das bedeutet, dass neben der ersten Alternative der neutralen Aufwendungen, die die Kosten erfasst, die *jeweils* für die effiziente Leistungsbereitstellung nicht notwendig sind, die zweite Alternative der anderen neutralen Aufwendungen den Voraussetzungen des § 3 Abs. 4 Satz 2, 2. Halbsatz TEntgV unterstellt wird. Der Verordnungsgeber hat somit bewusst in Abgrenzung zu dem in der ersten Alternative geregelten Sonderfall mit dem unbestimmten Rechtsbegriff „andere neutrale Aufwendungen" eine zweite Alternative geschaffen, die sich gerade dadurch auszeichnet, dass sie nicht in Zusammenhang zu der Leistungserstellung steht.

Des Weiteren ist zu berücksichtigen, dass bei einer durch Auslegung ermittelten zusätzlichen Forderung nach einem Kausalzusammenhang gesetzlich vorgeschriebene Aufwendungen beispielsweise für die Wohnungsfürsorge[1], an die Bundesanstalt für Post und Telekommunikation Deutsche Bundespost[2] und für die Museumsstiftung Post und Telekommunikation[3] entgegen der Intention des Verordnungsgebers von der Deutschen Telekom AG nicht erwirtschaftet werden könnten, da sich ein solcher kausaler Zusammenhang mit keiner der am Markt angebotenen Dienstleistungen der Deutschen Telekom AG herstellen lässt. Eine derartige Auslegung widerspricht damit dem Sinn und Zweck des § 3 Abs. 4 TEntgV. Anhand der nach Maßgabe des § 2 TEntgV vorzulegenden Kostennachweise ist aber sicherzustellen, dass eine mehrfache Berücksichtigung derselben neutralen Aufwendungen im Rahmen unterschiedlicher Entgeltregulierungsverfahren ausgeschlossen ist.

Als Zwischenergebnis ist demnach festzustellen, dass eine Reihe von neutralen Aufwendungen der Deutschen Telekom AG auf Grund bestehender rechtlicher Verpflichtung oder sonstiger sachlicher Rechtfertigung im Rahmen der Entgeltregulierung zu berücksichtigen ist. Deren Umfang sollte sich jedoch mit weiterem Zeitablauf erkennbar reduzieren. Denn der Handlungsspielraum der Deutschen Telekom AG, eine an unternehmerischen Zielen orientierte Geschäftspolitik zu verfolgen, hat sich seit der Privatisierung und im Zuge der Postreform II

---

1 Vgl. im Einzelnen die Darstellung unter C.II.2.b).
2 Vgl. im Einzelnen die Darstellung unter C.II.2.e).
3 Vgl. im Einzelnen die Darstellung unter C.II.2.g).

deutlich erweitert, so dass rechtliche und sonstige sachliche Gründe für eine Berücksichtigung von neutralen Aufwendungen im Rahmen der Entgeltregulierung damit tendenziell abnehmen werden.

Im Übrigen hat die Spruchpraxis der Regulierungsbehörde für Telekommunikation und Post in der Vergangenheit jedoch gezeigt, dass die in § 3 Abs. 1 TEntgV vorgesehene Überprüfung der von Seiten der Deutschen Telekom AG vorgelegten Kostennachweise und damit die explizite Berücksichtigung neutraler Aufwendungen im Rahmen der Entgeltgenehmigung nach Maßgabe des § 3 Abs. 4 TEntgV in weiten Teilen, vor allem aber auf dem für einen funktionsfähigen Wettbewerb[1] wesentlichen Gebiet der Regulierung der Entgelte der Netzzusammenschaltung tatsächlich nicht stattgefunden hat. Stattdessen setzte die Regulierungsbehörde für Telekommunikation und Post in mehreren Entscheidungen die Struktur und die Höhe der Zusammenschaltungsentgelte mit der Begründung, die vorgelegten Unterlagen seien unvollständig und somit nicht prüffähig, ausschließlich auf der Grundlage des Vergleichsmarktverfahrens fest, und zwar erstmalig bereits für den Zeitraum vom 1. Januar 1998 bis zum 31. Dezember 1999.[2] Erwartungsgemäß löste eine solche Vorgehensweise eine kontroverse Diskussion über die Methodik der Ermittlung von Zusammenschaltungsentgelten im Falle der Vorlage unvollständiger Kostenunterlagen aus, die auf Grund ihrer Relevanz für den Telekommunikationsmarkt einen Schwerpunkt der aktuellen wissenschaftlichen Auseinandersetzung bildet. Demzufolge werden deren Thesen, insbesondere im Zusammenhang mit der Berücksichtigung neutraler Aufwendungen im Rahmen der Entgeltgenehmigung im folgenden Abschnitt D. erörtert.

---

1 Vgl. zum Begriff des funktionsfähigen Wettbewerbs im deutschen Telekommunikationsrecht im Einzelnen Koenig/Vogelsang/Kühling/Loetz/Neumann, K&R 2003, 8 ff.

2 Bundesministerium für Post und Telekommunikation, Tenor der Entscheidung vom 12.09.1997 zum Antrag der Mannesmann Arcor AG & Co. auf Erlass einer Zusammenschaltungsanordnung vom 03.07.1997, Amtsblatt des Bundesministeriums für Post und Telekommunikation 30/1997, Mitteilung Nr. 173/1997, 1721 (1721) und Bundesministerium für Post und Telekommunikation, Tenor der Entscheidung vom 02.10.1997 zur Anrufung der Regulierungsbehörde gemäß § 37 Abs. 1 TKG i.V.m. § 9 NZV durch die o.tel.o communications GmbH & Co. vom 23.07.1997, Amtsblatt des Bundesministeriums für Post und Telekommunikation 30/1997, Mitteilung Nr. 174/1997, 1721 (1721 f.).

D. Methodik der Berücksichtigung neutraler Aufwendungen bei der Regulierung der Entgelte der Netzzusammenschaltung

Die Problematik der Berücksichtigung neutraler Aufwendungen im Rahmen der Entgeltregulierung stellt sich daneben vor allem auch bei der Regulierung der Entgelte der Netzzusammenschaltung, da ihnen eine besondere Bedeutung für die Entwicklung und die Sicherstellung funktionsfähigen Wettbewerbs[1] zukommt[2]. Insoweit ist insbesondere zu untersuchen, mittels welcher Methodik neutrale Aufwendungen im Falle der Vorlage unvollständiger Kostennachweise Berücksichtigung finden können.

Entgelte haben sich dabei gemäß § 24 Abs. 1 Satz 1 TKG an den Kosten der effizienten Leistungsbereitstellung zu orientieren. Demgemäß hat die Leistungsbereitstellung selbst nach einem effizienten Prozess abzulaufen, der wiederum effiziente Netzstrukturen voraussetzt.

Im Vordergrund steht somit zunächst die Frage, welche Netzstruktur die effiziente Leistungsbereitstellung widerspiegelt, deren Kosten nach dem Telekommunikationsgesetz wiederum den Maßstab für die zu genehmigenden Entgelte darstellen. Erst nach deren Beantwortung lässt sich konstatieren, ob gegebenenfalls darüber hinausgehende Kosten geltend gemacht werden und ob sie als berücksichtigungsfähig zu bewerten sind.

I. Effiziente Netzstruktur

Die Frage nach der effizienten Netzstruktur, d.h. der Netzstruktur, die die effiziente Leistungsbereitstellung abbildet, erfährt zur Zeit eine sehr kontroverse Diskussion, die sich auf zwei Kernfragen konzentriert, und zwar die Anzahl der Netzebenen und die Zahl der Netzzusammenschaltungspunkte, die ein Wettbewerber benötigt, um flächendeckend den günstigsten Tarif zu erhalten.

---

1 Vgl. zum Begriff des funktionsfähigen Wettbewerbs im deutschen Telekommunikationsrecht im Einzelnen Koenig/Vogelsang/Kühling/Loetz/Neumann, K&R 2003, 8 ff.

2 Schuster, in: Beck'scher TKG-Kommentar, § 2 Rdnr. 12.

1. Rückblick

Die Struktur für Zusammenschaltungsentgelte hat in jüngster Vergangenheit eine grundlegende Veränderung erfahren. Bis zum 31. Dezember 2001 erfolgte die Tarifierung der Basisleistungen

- Telekom-B 1 "Verbindungen in das Telefonnetz national der Telekom aus dem Telefonnetz von Interconnection-Partnern"
- ICP-B 1 "Verbindungen in das Telefonnetz national von Interconnection-Partnern aus dem Telefonnetz der Telekom"
- Telekom-B 2 "Verbindungen aus dem Telefonnetz national der Telekom zu Interconnection-Partnern als Verbindungsnetzbetreiber"
- ICP-B 2 "Verbindungen aus dem Telefonnetz national von Interconnection-Partnern zu Telekom als Verbindungsnetzbetreiber"

entfernungsabhängig mittels vier verschiedener Tarifbereiche[1]:

- **City**
  – Ortsnetz, in dem Zusammenschaltung stattfindet plus
  – alle angrenzenden Ortsnetze plus
  – alle nicht angrenzenden Ortsnetze mit einer Tarifentfernung bis zu 20 km
- **Regio 50**
  ca. 20 bis 50 km
- **Regio 200**
  51 bis 200 km
- **Fern**
  über 200 km.[2]

Maßgebend war die gemessene Tarifentfernung zwischen dem Entfernungsmesspunkt des Ortsnetzbereiches, an dem die Verbindungen an die Deutsche Telekom AG übergeben werden (Ort der Zusammenschaltung), und dem Entfer-

1 Regulierungsbehörde für Telekommunikation und Post, Aufruf zur Kommentierung "Struktur für netzelementbasierte Zusammenschaltungsentgelte", Amtsblatt der Regulierungsbehörde für Telekommunikation und Post 23/99, Mitteilung Nr. 568/ 1999, 4117 (4117).

2 Geppert/Ruhle/Schuster, Handbuch Recht und Praxis der Telekommunikation, Rdnr. 439.

nungsmesspunkt des Ortsnetzbereiches, an dem die Verbindungen terminiert werden.[1]

2. *Aktuelle Entgeltstruktur*

Auf Initiative der Regulierungsbehörde für Telekommunikation und Post und vieler neuer Netzbetreiber sollte die Preisstruktur für die Zusammenschaltungsleistungen der Deutschen Telekom AG und ihrer Interconnection-Partner überdacht und neu gestaltet werden.[2] Demzufolge hat die Regulierungsbehörde für Telekommunikation und Post mehrere Gespräche mit der Deutschen Telekom AG geführt und diese gebeten, ihre strukturellen Überlegungen hierzu zu konkretisieren. Daraufhin stellte die Deutsche Telekom AG das Konzept Element Based Charging auf Basis eines Zonenmodells in der Mitteilung Nr. 568/1999 der Regulierungsbehörde für Telekommunikation und Post am 22. Dezember 1999 zur Diskussion.[3]

a) Element Based Charging auf Basis eines Zonenmodells der Deutschen Telekom AG

Dabei legte die Deutsche Telekom AG folgende netztechnische Realisierung der Zusammenschaltungsleistungen dem Konzept zugrunde:

aa) Zonenmodell der Deutschen Telekom AG

Das bundesweite Telefonnetz der Deutschen Telekom AG setzt sich aus vielen miteinander vermaschten Vermittlungsstellen zusammen, die den Verkehr auf 3 Netzebenen konzentrieren und vermitteln:

---

1 Regulierungsbehörde für Telekommunikation und Post, Aufruf zur Kommentierung "Struktur für netzelementbasierte Zusammenschaltungsentgelte", Amtsblatt der Regulierungsbehörde für Telekommunikation und Post 23/99, Mitteilung Nr. 568/1999, 4117 (4117).

2 Geppert/Ruhle/Schuster, Handbuch Recht und Praxis der Telekommunikation, Rdnr. 440.

3 Regulierungsbehörde für Telekommunikation und Post, Aufruf zur Kommentierung "Struktur für netzelementbasierte Zusammenschaltungsentgelte", Amtsblatt der Regulierungsbehörde für Telekommunikation und Post 23/99, Mitteilung Nr. 568/1999, 4117 (4117).

- 23 Weitvermittlungsstellen-Standorte mit Weitvermittlungsfunktion; an diesen Standorten existieren jeweils mehrere Vermittlungsstellen für diese Netzebene
- 469 Bereichsvermittlungsstellen mit Transit- und direkter Teilnehmervermittlungsfunktion, die im Rahmen der Netzplanung langfristig gesichert sind
- 1638 Teilnehmervermittlungsstellen, die im Rahmen der Netzentwicklung jedoch nicht langfristig gesichert sind.[1]

Diesen Vermittlungsstellen sind jeweils sogenannte Einzugsbereiche oder Zonen zugeordnet worden, in denen eine Konzentration des Verkehrs erfolgte. Einzugsbereiche stellen geographische Bereiche dar, die ganze Ortsnetzbereiche oder Teile von Ortsnetzbereichen umfassen und durch die Ortsnetzvorwahlen sowie die Anschlussbereiche des geographisch zuordnenbaren Nummernraums beschrieben werden:

- 23 Grundeinzugsbereiche
- 293 Standardeinzugsbereiche
- 469 Lokale Einzugsbereiche.

Die Zusammenschaltung mit den Netzen der Interconnection-Partner fand an der sogenannten Bereichsvermittlungsstellen-Ebene unter Berücksichtigung der Regelungen für die Einzugsbereiche Grundeinzugsbereich und Standardeinzugsbereich statt.[2]

bb) Element Based Charging

Eine Preisgestaltung auf Basis von Element Based Charging ist darauf ausgerichtet, Zusammenschaltungsleistungen auf der Basis der in Anspruch genommenen Netzelemente zu tarifieren.[3] Demzufolge tritt an die Stelle der Entfernung als Maßstab für die Entgelthöhe die Zahl der "Elementdurchläufe" einer Verbindung,

---

1 Regulierungsbehörde für Telekommunikation und Post, Aufruf zur Kommentierung "Struktur für netzelementbasierte Zusammenschaltungsentgelte", Amtsblatt der Regulierungsbehörde für Telekommunikation und Post 23/99, Mitteilung Nr. 568/ 1999, 4117 (4118).

2 Regulierungsbehörde für Telekommunikation und Post, Aufruf zur Kommentierung "Struktur für netzelementbasierte Zusammenschaltungsentgelte", Amtsblatt der Regulierungsbehörde für Telekommunikation und Post 23/99, Mitteilung Nr. 568/ 1999, 4117 (4119).

3 Marschall, Interconnection, 3. Kapitel B. IV. 1. c) cc), S. 181.

d.h. die Zahl der Vermittlungsstellen, die zwischen Anschaltepunkt und Endkunden benutzt werden.[1]

Nach Auffassung der Deutschen Telekom AG boten sich zur einfachen Umsetzung einer solchen Preisgestaltung im Inter-Carrier-Billing die bereits bestehenden Einzugsbereiche als Zonen an, in denen Verkehr generiert oder terminiert wird. Darüber hinaus sollte das Angebot der Netzzusammenschaltung um einen Tarifbereich "local area" erweitert werden, d.h. Verbindungen könnten "zielnaher" bzw. "ursprungsnaher" zum Teilnehmer übergeben bzw. übernommen werden, als dies im Tarifbereich City möglich war. Als Umsetzungsvoraussetzung definierte die Deutsche Telekom AG "Lokale Einzugsbereiche", basierend auf der Zahl und Lage der Vermittlungsstellen, an denen Kunden direkt angeschaltet sind.[2] Die Tarifierung sollte nach folgenden Zonen bzw. Einzugsbereichen vorgenommen werden:

- local area: Verbindungen innerhalb eines lokalen Einzugsbereiches der Bereichsvermittlungsstellen; gerufener oder rufender Teilnehmer direkt angeschlossen
- single transit area: Verbindungen innerhalb eines Standardeinzugsbereiches
- double transit regional: Verbindungen zwischen Standardeinzugsbereichen eines Grundeinzugsbereiches
- double transit national: Verbindungen zwischen verschiedenen Grundeinzugsbereichen.

Die Netzzusammenschaltung fand weiterhin an der Bereichsvermittlungsstellen-Ebene statt, sollte jedoch an allen der langfristig gesicherten 469 Bereichsvermittlungsstellen möglich sein.[3] Die Regulierungsbehörde für Telekommunikation und Post rief anschließend zur Kommentierung der beschriebenen

1 Vogelsang, Die Zukunft der Entgeltregulierung im deutschen Telekommunikationssektor, Abschnitt 5.3., S. 113; Geppert/Ruhle/Schuster, Handbuch Recht und Praxis der Telekommunikation, Rdnr. 440.

2 Regulierungsbehörde für Telekommunikation und Post, Aufruf zur Kommentierung "Struktur für netzelementbasierte Zusammenschaltungsentgelte", Amtsblatt der Regulierungsbehörde für Telekommunikation und Post 23/99, Mitteilung Nr. 568/1999, 4117 (4120).

3 Regulierungsbehörde für Telekommunikation und Post, Aufruf zur Kommentierung "Struktur für netzelementbasierte Zusammenschaltungsentgelte", Amtsblatt der Regulierungsbehörde für Telekommunikation und Post 23/99, Mitteilung Nr. 568/1999, 4117 (4121).

"Struktur für netzelementbasierte Zusammenschaltungsentgelte" der Deutschen Telekom AG bis zum 31. Januar 2000 auf.[1]

b) Stellungnahmen zum Konzept der Deutschen Telekom AG

Insgesamt gingen 26 Stellungnahmen zum Konzept der Deutschen Telekom AG "Element Based Charging auf Basis eines Zonenmodells" ein.[2] Dabei fokussierten die Kommentatoren ihre Kritik vornehmlich auf drei Punkte, den Anwendungsbereich des Local-Tarifs, die Behandlung von Verbindungen in benachbarte Ortsnetze und die Zugrundelegung der bestehenden Netzarchitektur der Deutschen Telekom AG.

aa) Anwendungsbereich des Local-Tarifs

Da der Local-Tarif ausweislich des Vorschlages der Deutschen Telekom AG ausschließlich für die unmittelbar an die Bereichsvermittlungsstellen angeschlossenen Teilnehmer der lokalen Einzugsbereiche gelten sollte, bliebe dessen geographischer Bereich unter Berücksichtigung der damaligen Citytarifstruktur der Deutschen Telekom AG gemäß deren Allgemeinen Geschäftsbedingungen wesentlich hinter dem Citybereich zurück.[3] Daraus könnte unter Umständen eine Verteuerung von Gesprächen im Bereich des zuvor geltenden Citytarifs resultieren.[4] Um dem entgegenzuwirken, sollte ein Netzbetreiber, der an allen möglichen 469 Bereichsvermittlungsstellen-Standorten mit dem Netz der Deutschen Telekom AG zusammengeschaltet wäre, jeden Teilnehmer über die Local-Area-Tarifstufe erreichen können und nicht noch Zuführungs- und Terminierungsleis-

---

1 Regulierungsbehörde für Telekommunikation und Post, Aufruf zur Kommentierung "Struktur für netzelementbasierte Zusammenschaltungsentgelte", Amtsblatt der Regulierungsbehörde für Telekommunikation und Post 23/99, Mitteilung Nr. 568/1999, 4117 (4117).

2 Regulierungsbehörde für Telekommunikation und Post, Inhaltsverzeichnis der Stellungnahmen zum Konzept der Deutschen Telekom AG "Element Based Charging auf Basis eines Zonenmodells", verfügbar unter <http://www.regtp.de/imperia/md/content/reg_tele/analytkost/10.pdf>.

3 Klett/Mader, Stellungnahme der First Telecom GmbH zum Konzept der Deutschen Telekom AG "Element Based Charging auf Basis eines Zonenmodells" vom 31.01.2000, S. 2.

4 Weyhenmeyer, Stellungnahme der NETCOLOGNE Gesellschaft für Telekommunikation mbH zum Konzept der Deutschen Telekom AG "Element Based Charging auf Basis eines Zonenmodells" vom 31.01.2000, S. 2.

tungen der höheren Tarifstufe „single transit" entrichten müssen.[1] Demzufolge müssten Teilnehmer, die an einer der Bereichsvermittlungsstellen-Ebene untergeordneten Vermittlungseinrichtung und damit an einer Teilnehmervermittlungsstelle angeschlossen seien, über einen Konzentrator, eine sogenannte Abgesetzte Periphere Einheit, an die nächste Bereichsvermittlungsstelle angebunden werden.[2]

bb) Behandlung von Verbindungen in benachbarte Ortsnetze

Darüber hinaus wirke sich das Konzept der Deutschen Telekom AG an den Zonengrenzen zuungunsten alternativer Netzbetreiber aus.[3] Problematisch sei insoweit die Behandlung von Verbindungen in benachbarte Ortsnetze, die nach der zum damaligen Zeitpunkt gültigen Tarifstruktur dem Citytarif unterlagen. Sofern sich die benachbarten Ortsnetze in verschiedenen Standardeinzugsbereichen eines Grundeinzugsbereiches befänden, erfolgte die Abrechnung derartiger Verbindungen nach der Einführung des Konzeptes "Element Based Charging auf Basis eines Zonenmodells" zum wesentlich teureren Double-Transit-Regional-Tarif.[4] Hinsichtlich benachbarter Ortsnetze in verschiedenen Grundeinzugsberei-

---

1 Glock/Piroth, Stellungnahme der Mannesmann Arcor AG & Co zum Konzept der Deutschen Telekom AG "Element Based Charging auf Basis eines Zonenmodells" vom 31.01.2000, S. 3; Pill/Marquart, Stellungnahme der Mannesmann Mobilfunk GmbH zum Konzept der Deutschen Telekom AG "Element Based Charging auf Basis eines Zonenmodells" vom 09.02.2000, S. 3; Dörr, Stellungnahme der TelDaFax AG zum Konzept der Deutschen Telekom AG "Element Based Charging auf Basis eines Zonenmodells" vom 26.01.2000, S. 1; Gehrmann, Stellungnahme des vatm Verband der Anbieter von Telekommunikations- und Mehrwertdiensten e.V. zum Konzept der Deutschen Telekom AG "Element Based Charging auf Basis eines Zonenmodells" vom 10.02.2000, S. 2.

2 Bodczek, Stellungnahme der mediaWays GmbH zum Konzept der Deutschen Telekom AG "Element Based Charging auf Basis eines Zonenmodells" vom 10.02.2000, S. 3; Glock/Piroth, Stellungnahme der Mannesmann Arcor AG & Co zum Konzept der Deutschen Telekom AG "Element Based Charging auf Basis eines Zonenmodells" vom 31.01.2000, S. 4; Sommerberg/Sandner, Stellungnahme der TALKLINE GmbH zum Konzept der Deutschen Telekom AG "Element Based Charging auf Basis eines Zonenmodells" vom 02.02.2000, S. 2.

3 Fiebig/Behm, Stellungnahme der HanseNet Telekommunikation GmbH zum Konzept der Deutschen Telekom AG "Element Based Charging auf Basis eines Zonenmodells" vom 04.02.2000, S. 4.

4 Kohn/Polte, Stellungnahme der HAMCOM GmbH Telekommunikation zum Konzept der Deutschen Telekom AG "Element Based Charging auf Basis eines Zonenmodells" vom 31.01.2000, S. 1 f.

chen gelangte sogar der Double-Transit-National-Tarifbereich zur Anwendung.[1] Demgemäß sollten Verbindungen zu benachbarten Standardeinzugsbereichen grundsätzlich zum Single-Transit-Tarif bepreist werden.[2]

cc) Zugrundelegung der bestehenden Netzarchitektur

Des Weiteren setze das Konzept der Deutschen Telekom AG auf der historisch gewachsenen und erhebliche Ineffizienzen aufweisenden Netzarchitektur auf.[3] Somit müssten auf Grund des Angebotes der Deutschen Telekom AG, die Zusammenschaltung mit anderen Netzbetreibern ausschließlich an den Bereichsvermittlungsstellen zu ermöglichen, durch einen alternativen, bundesweit agierenden Netzbetreiber 469 Bereichsvermittlungsstellen-Standorte erschlossen und damit das bestehende Netz der Deutschen Telekom AG kopiert werden, um im Ortsnetzbereich weiterhin den jeweils kostengünstigsten Zusammenschaltungsta-

---

1 Weyhenmeyer, Stellungnahme der NETCOLOGNE Gesellschaft für Telekommunikation mbH zum Konzept der Deutschen Telekom AG "Element Based Charging auf Basis eines Zonenmodells" vom 31.01.2000, S. 2; Schoof/Kolbe, Stellungnahme der NEFkom Telekommunikation GmbH & Co KG zum Konzept der Deutschen Telekom AG "Element Based Charging auf Basis eines Zonenmodells" vom 30.01.2000, S. 3; Rittmann/Koch, Stellungnahme der citykom münster GmbH zum Konzept der Deutschen Telekom AG "Element Based Charging auf Basis eines Zonenmodells" vom 31.01.2000, S. 2.

2 Müller/Jürgensen, Stellungnahme der KomTel Gesellschaft für Kommunikations- und Informationsdienste mbH zum Konzept der Deutschen Telekom AG "Element Based Charging auf Basis eines Zonenmodells" vom 28.01.2000, S. 2; Weyhenmeyer, Stellungnahme der NETCOLOGNE Gesellschaft für Telekommunikation mbH zum Konzept der Deutschen Telekom AG "Element Based Charging auf Basis eines Zonenmodells" vom 31.01.2000, S. 3; Knauer/Goymann, Stellungnahme der TeleBel Gesellschaft für Telekommunikation Bergisches Land mbH zum Konzept der Deutschen Telekom AG "Element Based Charging auf Basis eines Zonenmodells" vom 31.01.2000, S. 3.

3 Schmidt, Stellungnahme der KielNET GmbH zum Konzept der Deutschen Telekom AG "Element Based Charging auf Basis eines Zonenmodells" vom 31.01.2000, S. 2; Pill/Marquart, Stellungnahme der Mannesmann Mobilfunk GmbH zum Konzept der Deutschen Telekom AG "Element Based Charging auf Basis eines Zonenmodells" vom 09.02.2000, S. 2; Heder, Stellungnahme der nordCom - CNB Communications Netzmanagement Bremen GmbH zum Konzept der Deutschen Telekom AG "Element Based Charging auf Basis eines Zonenmodells" vom 27.01.2000, S. 1; Heidkamp/Fabry, Stellungnahme der Teleos Gesellschaft für Telekommunikation und Netzdienste Ostwestfalen-Schaumburg mbH zum Konzept der Deutschen Telekom AG "Element Based Charging auf Basis eines Zonenmodells" vom 28.01.2000, S. 2 f.; Huck, Stellungnahme der Viatel GmbH zum Konzept der Deutschen Telekom AG "Element Based Charging auf Basis eines Zonenmodells" vom 11.02.2000, S. 2.

rif nutzen zu können.[1] Daraus resultierten einerseits hohe und vor allem ineffiziente Anfangsinvestitionen sowie auch laufende Kosten.[2] Andererseits werde der Anreiz der Wettbewerber zur Investition in innovative Technologien minimiert.[3] Demgegenüber begünstige das Konzept einseitig die von der Deutschen Telekom AG in der Vergangenheit getätigten Investitionen.[4] Folglich müsse eine Element-Based-Charging-Struktur auf einem effizient aufgebauten Netz unter Einbeziehung der fortgeschrittensten und kostensparendsten Technologie basieren.[5] Die Regulierungsbehörde für Telekommunikation und Post sandte demgemäß am 21. Februar 2000 die eingegangenen 26 Stellungnahmen zeitgleich sowohl an die Deutsche Telekom AG als auch an die Kommentatoren und nahm anschließend eine Analyse der Kommentierungen vor.[6]

---

1 Fiebig/Behm, Stellungnahme der HanseNet Telekommunikation GmbH zum Konzept der Deutschen Telekom AG "Element Based Charging auf Basis eines Zonenmodells" vom 04.02.2000, S. 3; Schoof/Kolbe, Stellungnahme der NEFkom Telekommunikation GmbH & Co KG zum Konzept der Deutschen Telekom AG "Element Based Charging auf Basis eines Zonenmodells" vom 30.01.2000, S. 2; Heger/Grunter, Stellungnahme der tesion Communikationsnetze Südwest GmbH & Co KG zum Konzept der Deutschen Telekom AG "Element Based Charging auf Basis eines Zonenmodells" vom 31.01.2000, S. 2; Rustige/Noss, Stellungnahme der VEW TELNET Gesellschaft für Kommunikation und Netzdienste mbH zum Konzept der Deutschen Telekom AG "Element Based Charging auf Basis eines Zonenmodells" vom 01.02.2000, S. 3.

2 Winkler, Stellungnahme der MCI WorldCom Deutschland GmbH zum Konzept der Deutschen Telekom AG "Element Based Charging auf Basis eines Zonenmodells" vom 31.01.2000, S. 2; Jäger, Stellungnahme des (breko Bundesverband der regionalen und lokalen Telekommunikationsgesellschaften e.V. zum Konzept der Deutschen Telekom AG "Element Based Charging auf Basis eines Zonenmodells" vom 28.01.2000, S. 2.

3 Barthelmes, Stellungnahme der EWE TEL GmbH zum Konzept der Deutschen Telekom AG "Element Based Charging auf Basis eines Zonenmodells" vom 21.01.2000, S. 2.

4 Kaufmann/Hennig, Stellungnahme der Global TeleSystems Netzwerk GmbH & Co KG zum Konzept der Deutschen Telekom AG "Element Based Charging auf Basis eines Zonenmodells" vom 30.01.2000, S 1.

5 Neitzel/Becker, Stellungnahme der VIAG INTERKOM GmbH & Co zum Konzept der Deutschen Telekom AG "Element Based Charging auf Basis eines Zonenmodells" vom 31.01.2000, S. 3.

6 Deutsche Telekom AG, Stellungnahme zum Vorschlag der Regulierungsbehörde für Telekommunikation und Post vom 10.04.2000 und Modifikationen des Konzepts vom 22.12.1999, S. 2.

c) Vorschlag der Regulierungsbehörde für Telekommunikation und Post

Als Resultat der Analyse der Stellungnahmen übersandte die Regulierungsbehörde für Telekommunikation und Post am 10. April 2000 der Deutschen Telekom AG einen Vorschlag zur Umsetzung von Element Based Charging für Zusammenschaltungsleistungen, der gegenüber dem am 22. Dezember 1999 veröffentlichten Konzept der Deutschen Telekom AG u.a. zwei wesentliche Änderungen vorsah:

- Ausweitung des Einzugsbereichs für "local" auf an Teilnehmervermittlungsstellen angeschaltete Teilnehmer, die im Transit durch die Vermittlungseinrichtungen mit Netzübergangsfunktion erreicht werden
- Einbeziehung benachbarter Standardeinzugsbereiche an Grundeinzugsbereich-Grenzen in "single transit".

Demgegenüber unterzog die Deutsche Telekom AG ihrerseits das am 22. Dezember 1999 veröffentlichte Konzept unter Berücksichtigung der abgegebenen Kommentierungen und in Auseinandersetzung mit dem Vorschlag der Regulierungsbehörde für Telekommunikation und Post einer erneuten Überprüfung und modifizierte es im Anschluss:[1]

d) Modifikationen des Konzepts vom 22. Dezember 1999 seitens der Deutschen Telekom AG

In Anlehnung an den Vorschlag der Regulierungsbehörde für Telekommunikation und Post nahm die Deutsche Telekom AG folgende Modifikationen bezüglich des Anwendungsbereiches des Local-Tarifs und hinsichtlich der Behandlung benachbarter Standardeinzugsbereiche an Grundeinzugsbereich-Grenzen vor. Eine Modifikation in Bezug auf die dem Konzept zugrunde liegende, bestehende Netzarchitektur erfolgte hingegen nicht.

aa) Anwendungsbereich des Local-Tarifs

Die Deutsche Telekom AG erklärte sich bereit, der Forderung nach Erreichbarkeit aller Teilnehmer zum Local-Tarif nachzukommen und dementsprechend an allen Standorten in der Bundesrepublik die Verfügbarkeit des Tarifs zu gewähr-

1 Deutsche Telekom AG, Stellungnahme zum Vorschlag der Regulierungsbehörde für Telekommunikation und Post vom 10.04.2000 und Modifikationen des Konzepts vom 22.12.1999, S. 2.

leisten. Dadurch ging sie über den damaligen Status Quo beim City-Tarif hinaus, zu dem nicht alle Teilnehmer zu erreichen waren.[1] Zwecks Realisierung der Sicherstellung der bundesweiten Verfügbarkeit des Local-Tarifs schlug die Deutsche Telekom AG folgende Vorgehensweise vor:

- Unter Effizienzgesichtspunkten sollte die Vorab-Ausrüstung von Vermittlungsstellen mit Netzübergangsfunktion anfangs auf die 293 Ortsnetze beschränkt werden, an denen zum damaligen Zeitpunkt eine Nachfrage nach Zusammenschaltung bestand, wodurch eine Erreichbarkeit von etwa 75% der Teilnehmer in der Bundesrepublik zum Local-Tarif sichergestellt gewesen wäre.
- Ausweislich der bis dahin gemachten Erfahrungen der Deutschen Telekom AG wäre davon auszugehen, dass allenfalls in Einzelfällen eine Nachfrage der Carrier nach Zusammenschaltung an weiteren Standorten bestehen werde.
- Sofern eine solche bestehen sollte, könnte die Erreichbarkeit der Teilnehmer an den entsprechenden Vermittlungsstellen nachfragegerecht entweder durch Einzelmaßnahmen am jeweiligen Standort oder durch breiter angelegte Ausbaumaßnahmen gewährleistet werden.[2]

Die Deutsche Telekom AG begründete die von ihr gegenüber dem Vorschlag der Regulierungsbehörde für Telekommunikation und Post favorisierte Vorgehensweise zur Sicherstellung der bundesweiten Verfügbarkeit des Local-Tarifs wie folgt:

- Das Konzept schaffe über 50.000 zum Tarif "local area" erreichbare Beschaltungseinheiten/Vermittlungseinrichtung mit Netzübergangsfunktion, eine Zahl, die deutlich über dem Durchschnitt anderer Länder liege, in denen in der Regel nur bis zu ca. 40.000 Beschaltungseinheiten/Vermittlungseinrichtung mit Netzübergangsfunktion angebunden seien.
- Unter der Voraussetzung, dass an allen möglichen Standorten eine Nachfrage seitens der Carrier nach Zusammenschaltung bestände, resultierte daraus ein theoretisches Maximum von 936 lokalen Einzugsbereichen, mit dem eine insgesamt flächendeckende Verfügbarkeit des Tarifs "local area" gewährleistet werden könnte. Ein solcher Maximalausbau erreichte immer noch ca. 48.000

1 Deutsche Telekom AG, Stellungnahme zum Vorschlag der Regulierungsbehörde für Telekommunikation und Post vom 10.04.2000 und Modifikationen des Konzepts vom 22.12.1999, S. 5.

2 Deutsche Telekom AG, Stellungnahme zum Vorschlag der Regulierungsbehörde für Telekommunikation und Post vom 10.04.2000 und Modifikationen des Konzepts vom 22.12.1999, S. 5.

Beschaltungseinheiten/Vermittlungseinrichtung mit Netzübergangsfunktion und damit eine Anzahl deutlich über dem internationalen Vergleichswert (ca. 40.000 Beschaltungseinheiten/Vermittlungseinrichtung mit Netzübergangsfunktion).

- Damit entspräche das Konzept nach Ansicht der Deutschen Telekom AG den Anforderungen an ein modernes Netz, die durch den sprunghaften Anstieg des Internet-Verkehrs eine Veränderung erfahren haben. Denn die besonderen Charakteristika des Internet-Verkehrs gegenüber dem Sprachverkehr wie beispielsweise lange Verbindungsdauer und große Volumina legten eine möglichst ursprungsnahe Abführung aus dem vermittelten Netz nahe, wodurch demzufolge dem bisherigen Trend zum Rückzug von Vermittlungstechnik aus der Fläche auf Grund der weiter wachsenden Bedeutung des Internet-Verkehrs relativ zum Gesamtverkehr entgegengewirkt werde.
- Eine Erreichbarkeit von im Ergebnis 100.000 Beschaltungseinheiten/Vermittlungseinrichtung mit Netzübergangsfunktion zum Tarif "local area" entsprechend dem Vorschlag der Regulierungsbehörde für Telekommunikation und Post erfülle demgemäß nicht die Anforderungen an ein modernes Netz.[1]

Daraus resultierte folgender modifizierter Vorschlag der Deutschen Telekom AG zur "local area":

- In ca. 615 lokalen Einzugsbereichen sollten alle Teilnehmer in den zum damaligen Zeitpunkt 293 Ortsnetzen mit Vermittlungseinrichtung mit Netzübergangsfunktion zum günstigsten Preis erreichbar sein und damit bundesweit ca. 75% aller Teilnehmer.
- Die Ausrüstung weiterer Ortsnetze für "local area" sollte auf konkrete Nachfrage der Carrier erfolgen, woraus sich ein theoretisches Maximum von 936 lokalen Einzugsbereichen berechnet hätte.

In beiden o.g. Konstellationen sollte die Öffnung großer Teilnehmervermittlungsstellen für die Zusammenschaltung und die Einbeziehung kleiner Teilnehmervermittlungsstellen in den Tarif "local area" erfolgen.[2]

Maßgebend für die Anzahl der lokalen Einzugsbereiche und damit für die Zahl der Netzzusammenschaltungspunkte, die ein Wettbewerber benötigt, um

1 Deutsche Telekom AG, Stellungnahme zum Vorschlag der Regulierungsbehörde für Telekommunikation und Post vom 10.04.2000 und Modifikationen des Konzepts vom 22.12.1999, S. 6.

2 Deutsche Telekom AG, Stellungnahme zum Vorschlag der Regulierungsbehörde für Telekommunikation und Post vom 10.04.2000 und Modifikationen des Konzepts vom 22.12.1999, S. 7.

flächendeckend den günstigsten Tarif zu erhalten, ist somit die Beantwortung der Frage, wie viele Beschaltungseinheiten (= Teilnehmeranschlüsse) maximal pro Vermittlungseinrichtung mit Netzübergangsfunktion realisierbar sind. Denn je nachdem, welche Kapazität hier unterstellt und auf die in der Bundesrepublik Deutschland bestehenden Anschlüsse umgelegt wird, resultiert daraus eine unterschiedliche Anzahl von erforderlichen Vermittlungsstellen auf der unteren Netzebene.

bb) Behandlung benachbarter Standardeinzugsbereiche an Grundeinzugsbereich-Grenzen

Nach Ansicht der Deutschen Telekom AG sei der Vorschlag der Tarifierung von Verbindungen zwischen benachbarten Standardeinzugsbereichen an Grundeinzugsbereich-Grenzen als Single Transit seitens der Regulierungsbehörde für Telekommunikation und Post mit dem Element-Based-Charging-Konzept aus folgenden Gründen nicht zu vereinbaren:

- Eine Tarifierung der betreffenden Verbindungen als Single Transit stellte eine sachlich nicht gerechtfertigte teilweise Rückkehr zur entfernungsabhängigen Tarifierung dar.
- Da sich die Grundeinzugsbereich-Grenzen an der realen Struktur der oberen Netzebene (23 Weitvermittlungsstellen-Standorte) orientierten, habe demzufolge die Element-Based-Charging-Struktur diesem Aufbau zu folgen.
- Wegen der höheren Komplexität der Verzonungsdatenbank verursachte die Anwendung eines besonderen Tarifs für Nachbar-Standardeinzugsbereiche darüber hinaus erhebliche Billingprobleme für die Deutsche Telekom AG und ihre Interconnection-Partner.[1]

Daraus resultierte folgender modifizierter Vorschlag der Deutschen Telekom AG zur Behandlung benachbarter Standardeinzugsbereiche an Grundeinzugsbereich-Grenzen:

Die Problematik einer möglichen Verteuerung von Gesprächen in benachbarte Ortsnetze unterschiedlicher Standardeinzugsbereiche/Grundeinzugsbereiche gegenüber der vorhergehenden entfernungsabhängigen Tarifierung werde durch die Möglichkeit der direkten Anschaltung des Interconnection-Partners im benachbarten Standardeinzugsbereich über sogenannte "lange Interconnection-

1 Deutsche Telekom AG, Stellungnahme zum Vorschlag der Regulierungsbehörde für Telekommunikation und Post vom 10.04.2000 und Modifikationen des Konzepts vom 22.12.1999, S. 8.

Anschlüsse" hinreichend und konzeptverträglich adressiert. Denn damit sei eine Einsparung von Vermittlungsdurchgängen, die Anwendung günstigerer Tarife ("local area" oder "single transit") und eine effiziente Produktion verbunden.[1]

e) Stellungnahmen zum modifizierten Konzept der Deutschen Telekom AG

Hinsichtlich des modifizierten Konzeptes der Deutschen Telekom AG vom 2. Mai 2000 ist erneut die Möglichkeit zur Kommentierung durch die Wettbewerber eingeräumt worden. Insgesamt gingen 16 Stellungnahmen zum Konzept der Deutschen Telekom AG "IC 2001 - EBC Modell" ein.[2] Neben der Kommentierung des abgewandelten Vorschlages der Deutschen Telekom AG zur Behandlung von Verbindungen in benachbarte Ortsnetze[3] kritisierten die Kommentatoren vornehmlich das neue Konzept zur Sicherstellung der bundesweiten Verfügbarkeit des Local-Tarifs und die unveränderte Zugrundelegung der bestehenden Netzarchitektur der Deutschen Telekom AG.

Im Gegensatz zum Konzept der Deutschen Telekom AG waren die Wettbewerber der Ansicht, dass moderne Vermittlungseinrichtungen zwischen 100.000 und 600.000 Beschaltungseinheiten abwickeln könnten.[4] Bei Annahme von 600.000 Beschaltungseinheiten/Vermittlungseinrichtung mit Netzübergangsfunktion errechnete sich folglich eine Anzahl von lediglich 80 lokalen Einzugsberei-

---

1 Deutsche Telekom AG, Stellungnahme zum Vorschlag der Regulierungsbehörde für Telekommunikation und Post vom 10.04.2000 und Modifikationen des Konzepts vom 22.12.1999, S. 9.

2 Regulierungsbehörde für Telekommunikation und Post, Inhaltsverzeichnis der Stellungnahmen zum Konzept der Deutschen Telekom AG "IC 2001 - EBC Modell", zweite, ergänzte Auflage, verfügbar unter <http://www.regtp.de/imperia/md/content/reg_tele/analytkost/15.pdf>.

3 Jäger, Stellungnahme des (breko Bundesverband der regionalen und lokalen Telekommunikationsgesellschaften e.V. zum Konzept der Deutschen Telekom AG "IC 2001 - EBC Modell", zweite, ergänzte Auflage, vom 24.05.2000, S. 1; Dörr/Hesse, Stellungnahme der TelDaFax AG zum Konzept der Deutschen Telekom AG "IC 2001 - EBC Modell", zweite, ergänzte Auflage, vom 30.05.2000, S. 2; Knauer/Goymann, Stellungnahme der TeleBel Gesellschaft für Telekommunikation Bergisches Land mbH zum Konzept der Deutschen Telekom AG "IC 2001 - EBC Modell", zweite, ergänzte Auflage, vom 30.05.2000, S. 1; Neitzel/Merkt, Stellungnahme der VIAG INTERKOM GmbH & Co zum Konzept der Deutschen Telekom AG "IC 2001 - EBC Modell", zweite, ergänzte Auflage, vom 31.05.2000, S. 6.

4 Glock/Hachenberger, Stellungnahme der Mannesmann Arcor AG & Co. zum Konzept der Deutschen Telekom AG "IC 2001 - EBC Modell", zweite, ergänzte Auflage, vom 31.05.2000, S. 6; Sandner/Piekarowitz, Stellungnahme der TALKLINE GmbH zum Konzept der Deutschen Telekom AG "IC 2001 - EBC Modell", zweite, ergänzte Auflage, vom 31.05.2000, S. 3 f. i.V.m. der Anlage "Alternativer Vorschlag der Talkline GmbH zu einem EBC-Modell", S. 2.

chen, wohingegen das Konzept der Deutschen Telekom AG 936 lokale Einzugsbereiche berechnete.[1]

Anstelle des historisch gewachsenen Netzes sollte vielmehr eine fiktive Struktur zugrunde gelegt werden, die dem gesetzlich vorgegebenen Begriff der effizienten Leistungsbereitstellung genüge.[2] Zusammenschaltungsleistungen betreffend sei eine solche Konkretisierung von effizienten Strukturen auf Grundlage der Empfehlung der Kommission vom 8. Januar 1998 zur Zusammenschaltung in einem liberalisierten Telekommunikationsmarkt – 98/195/EG –[3] durch das Referenzdokument des Wissenschaftlichen Instituts für Kommunikationsdienste GmbH vom 14. April 1999 vorgenommen worden.[4] Dabei basiere zum einen die Definition der drei Tarifstufen „local", „single transit" und „double transit" seitens der Europäischen Kommission auf einem Zwei-Ebenen-Netz (lokal – fern).[5]

---

1 Schuster, Anmerkung zum Beschluss der Regulierungsbehörde für Telekommunikation und Post vom 08.09.2000 - BK 4a-00-018/Z 30.06.00, MMR 2001, 271 (272).

2 Pill/Marquart, Stellungnahme der Mannesmann Mobilfunk GmbH zum Konzept der Deutschen Telekom AG "IC 2001 - EBC Modell", zweite, ergänzte Auflage, vom 15.06.2000, S. 1 f.; Ribbrock/Panienka, Stellungnahme der mediaWays GmbH zum Konzept der Deutschen Telekom AG "IC 2001 - EBC Modell", zweite, ergänzte Auflage, vom 29.06.2000, S. 1 f.; Schafer, Stellungnahme des TELECOM e.V. Vereinigung von Anwendern der geschäftlichen Telekommunikation zum Konzept der Deutschen Telekom AG "IC 2001 - EBC Modell", zweite, ergänzte Auflage, vom 19.05.2000, S. 1 f.; Barthelmes, Stellungnahme der EWE TEL GmbH zum Konzept der Deutschen Telekom AG "IC 2001 - EBC Modell", zweite, ergänzte Auflage, vom 26.05.2000, S. 2.

3 Empfehlung 98/195/EG der Kommission vom 8. Januar 1998 zur Zusammenschaltung in einem liberalisierten Telekommunikationsmarkt (Teil 1 – Zusammenschaltungsentgelte) (Text von Bedeutung für den EWR), ABl. EG Nr. L 73 vom 12.03.1998, 42.

4 Kilian/Gottschalk, Stellungnahme der COLT TELECOM GmbH zum Konzept der Deutschen Telekom AG "IC 2001 - EBC Modell", zweite, ergänzte Auflage, vom 24.05.2000, S. 1; Ehrler, Stellungnahme der NETCOLOGNE Gesellschaft für Telekommunikation mbH zum Konzept der Deutschen Telekom AG "IC 2001 - EBC Modell", zweite, ergänzte Auflage, vom 31.05.2000, S. 3; Geppert/Grünter, Stellungnahme der tesion Communikationsnetze Südwest GmbH & Co KG zum Konzept der Deutschen Telekom AG "IC 2001 - EBC Modell", zweite, ergänzte Auflage, vom 31.05.2000, S. 1 f.; Schmiade, Stellungnahme des vatm Verband der Anbieter von Telekommunikations- und Mehrwertdiensten e.V. zum Konzept der Deutschen Telekom AG "IC 2001 - EBC Modell", zweite, ergänzte Auflage, vom 02.06.2000, S. 1.

5 Vgl. Empfehlung der Kommission vom 8. Januar 1998 zur Zusammenschaltung in einem liberalisierten Telekommunikationsmarkt (Teil 1 – Zusammenschaltungsentgelte) (Text von Bedeutung für den EWR) – 98/195/EG, ABl. EG Nr. L 73 vom 12.03.1998, 42 ff.; Fischer/Heun/Sörup, in: Heun, Handbuch Telekommunikationsrecht, Teil 4 Rdnr. 380.

Zum anderen liege auch dem Referenzdokument die Annahme zugrunde, dass aus Effizienzgründen unterhalb der Bereichsvermittlungsstellen-Ebene lediglich noch Konzentratoren eingesetzt werden sollten.[1]

f) Standard-Zusammenschaltungsvertrag

Das modifizierte Konzept für die Einführung eines Element Based Charging setzte die Deutschen Telekom AG dennoch in ein Angebot für einen Standard-Zusammenschaltungsvertrag vom 14. Juni 2000 um, den sie im Anschluss ihren Zusammenschaltungspartnern zum Zwecke der Änderung der bestehenden Zusammenschaltungsverträge anbot. Das Standard-Vertragsangebot samt der zugrunde gelegten Konzeption nahmen im Sommer 2000 fünf Unternehmen an und es stellte gleichzeitig die Grundlage des Entgeltgenehmigungsantrags der Deutschen Telekom AG vom 21. Juli 2000 bei der Regulierungsbehörde für Telekommunikation und Post dar.

Mit der Mannesmann Arcor AG hingegen konnte eine vertragliche Vereinbarung nicht erzielt werden, so dass dieselbe die Regulierungsbehörde für Telekommunikation und Post gemäß § 9 Abs. 1 NZV anrief und einen Antrag sowohl auf Anordnung der Zusammenschaltung[2] ihres Telekommunikationsnetzes mit demjenigen der Deutschen Telekom AG auf der Grundlage einer Element-Based-Charging-Tarifstruktur ab dem 1. Februar 2000 als auch auf Anordnung der einer solchen Tarifstruktur zugrunde zu legenden effizienten Netzstruktur stellte. Mit dem Antrag begehrte die Mannesmann Arcor AG die Anordnung einer Element-Based-Charging-Tarifstruktur auf der Grundlage eines Zwei-Ebenen-Netzes mit 469 lokalen Einzugsbereichen.[3]

g) Beschluss der Regulierungsbehörde für Telekommunikation und Post vom 8. September 2000

Die Regulierungsbehörde für Telekommunikation und Post lehnte zum einen den durch fünf Verträge mit Carriern unterlegten Entgeltgenehmigungsantrag[4] der

---

1 Vgl. Wissenschaftliches Institut für Kommunikationsdienste GmbH, Referenzdokument „Ein analytisches Kostenmodell für das nationale Verbindungsnetz" vom 14. April 1999, Ziffer 2.1, S. 4.

2 Vgl. zur Zusammenschaltungsanordnung im Einzelnen Koenig/Loetz, K&R 1999, 298 ff.

3 Oberverwaltungsgericht NRW, Beschluss vom 3. Mai 2001 - 13 B 69/01, TMR 2002, 136 (137).

4 Vgl. zur Genehmigung von Entgeltvereinbarungen über besondere Netzzugänge im Einzelnen Kleinlein/Enaux, K&R 2003, 275 (277).

Deutschen Telekom AG auf Grund fehlender Kostenunterlagen mit Beschluss vom 16. August 2000 ab.[1] Zum anderen entsprach sie mit Beschluss vom 8. September 2000 teilweise dem Zusammenschaltungsantrag der Mannesmann Arcor AG.[2]

Danach beruhte die festgelegte Entgeltstruktur für die Leistungen "Zuführung" und "Terminierung" einerseits auf einer Architektur für die Netzzusammenschaltung, die aus zwei Netzebenen mit maximal 475 lokalen Einzugsbereichen auf der unteren und insgesamt 23 Grundeinzugsbereichen auf der oberen Netzebene bestand[3], und andererseits auf einer Aufteilung in drei Tarifstufen.[4] Dabei umfasste die Tarifzone I Verbindungen in den und aus dem lokalen Einzugsbereich des Zusammenschaltungspunktes, wohingegen die Tarifzone II Verbindungen in den und aus dem Standardeinzugsbereich oder Grundeinzugsbereich des Zusammenschaltungspunktes erfasste, die nicht lokale Verbindungen darstellten.[5] Die Anordnung einer dritten Tarifzone durch den am 8. September 2000 ergangenen Beschluss erfolgte nicht, da sie von der Mannesmann Arcor AG nicht beantragt worden war. Im Rahmen des abgeschlossenen Beschlusskammerverfahrens ist aber bereits die Tarifzone III ermittelt worden, die Verbindungen zwischen den Grundeinzugsbereichen umfasste[6].[7]

---

1 Regulierungsbehörde für Telekommunikation und Post, Tenor der Entscheidung vom 16.08.2000 zum Antrag der Deutschen Telekom AG auf Genehmigung von Entgelten für die Leistungen Telekom-B.1 (Terminierung) und Telekom-B.2 (Zuführung) auf Grundlage einer elementbasierten Tarifstruktur nach § 39 TKG, Amtsblatt der Regulierungsbehörde für Telekommunikation und Post 16/2000, Mitteilung Nr. 501/2000, 2732 (2732).

2 Regulierungsbehörde für Telekommunikation und Post, Beschluss vom 08.09.2000 - BK 4a-00-018/Z 30.06.00, K&R 2001, 231.

3 Vogelsang, Die Zukunft der Entgeltregulierung im deutschen Telekommunikationssektor, Abschnitt 5.3., S. 114.

4 Vgl. Fischer/Heun/Sörup, in: Heun, Handbuch Telekommunikationsrecht, Teil 4 Rdnr. 388 ff.; Geppert/Ruhle/Schuster, Handbuch Recht und Praxis der Telekommunikation, Rdnr. 441.

5 Regulierungsbehörde für Telekommunikation und Post, Tenor des Beschlusses der Regulierungsbehörde für Telekommunikation und Post vom 08.09.2000 auf Grund der Anrufung der Mannesmann Arcor AG & Co. auf (Teil-) Anordnung einer Zusammenschaltung der öffentlichen Telekommunikationsnetze der Mannesmann Arcor und der Deutschen Telekom AG, Amtsblatt der Regulierungsbehörde für Telekommunikation und Post 18/2000, Mitteilung Nr. 544/2000, 3149 (3149 f.).

6 Vgl. Geppert/Ruhle/Schuster, Handbuch Recht und Praxis der Telekommunikation, Rdnr. 442.

7 Regulierungsbehörde für Telekommunikation und Post, Pressemitteilung: Neue Rahmenbedingungen für Zusammenschaltung (Interconnection) vom 11. September 2000.

Demzufolge orientierte sich der Beschluss der Regulierungsbehörde für Telekommunikation und Post letztlich weder am Konzept der Deutschen Telekom AG noch am Antrag der Mannesmann Arcor AG, sondern legte mittels eigener Überlegungen eine fiktive effiziente Interconnection- und Netzstruktur zugrunde, die überwiegend auf dem vom Wissenschaftlichen Institut für Kommunikationsdienste GmbH erstellten analytischen Kostenmodell für das nationale Verbindungsnetz beruhte.[1] Denn nach Ansicht der Regulierungsbehörde für Telekommunikation und Post könne bei der Bestimmung des effizienten Netzes die Zahl der existierenden Vermittlungsstellen keine Rolle spielen, da ansonsten eine unzulässige Vermengung der zukunftsbezogenen Perspektive mit historisch bedingten, auf Grund früherer, unter anderen rechtlichen, technischen und ökonomischen Rahmenbedingungen entstandenen Gegebenheiten stattfände. Vielmehr könne zur Ermittlung eines kosteneffizienten Verbindungsnetzes auch der sogenannte Ingenieuransatz herangezogen werden.[2]

h) Beschluss des Oberverwaltungsgerichts Münster vom 3. Mai 2001

Gegen die Zusammenschaltungsanordnung vom 8. September 2000 erhob die Deutsche Telekom AG Klage[3] und reichte darüber hinaus einen Eilantrag gemäß § 80 Abs. 5 VwGO ein. Mit Beschluss vom 18. Dezember 2000 entsprach das Verwaltungsgericht Köln dem Antrag und ordnete die aufschiebende Wirkung der Klage gegen die Anordnung der Regulierungsbehörde für Telekommunikation und Post vom 8. September 2000 an.[4]

Dagegen beantragte die Regulierungsbehörde für Telekommunikation und Post die Zulassung der Beschwerde. Mit Beschluss des Oberverwaltungsgerichts Münster vom 3. Mai 2001 erfolgte zwar die Zulassung der Beschwerde der Re-

---

1 Vgl. Wissenschaftliches Institut für Kommunikationsdienste GmbH, Referenzdokument "Ein analytisches Kostenmodell für das nationale Verbindungsnetz" vom 14. April 1999, Ziffer 2.1, S. 4 i.V.m. Referenzdokument 2.0 "Analytisches Kostenmodell Nationales Verbindungsnetz" vom 30. Juni 2000 sowie Wissmann, in: Wissmann, Praxishandbuch Telekommunikationsrecht, Kapitel 13 Rdnr. 113.

2 Regulierungsbehörde für Telekommunikation und Post, Beschluss vom 08.09.2000 - BK 4a-00-018/Z 30.06.00, MMR 2001, 262 (269).

3 Das Hauptsacheverfahren ist noch nicht rechtskräftig abgeschlossen und zur Zeit beim Oberverwaltungsgericht Münster unter dem Aktenzeichen 13 A 4354/01 anhängig.

4 Verwaltungsgericht Köln, Beschluss vom 18.12.2000 - 1 L 2484/00, K&R 2001, 229; dazu Marschall, Interconnection, 3. Kapitel B. IV. 1. c) cc), S. 181 ff.; Spoerr, Zusammenschaltung und Telekommunikations-Entgeltregulierung in der Krise?, K&R 2001, 213 ff.

gulierungsbehörde für Telekommunikation und Post, jedoch die Zurückweisung der Sache nach.[1]

Dabei stellte die Rechtsprechung im Eilverfahren die Vorgehensweise der Regulierungsbehörde für Telekommunikation und Post in zweifacher Hinsicht in Frage:

- Zum einen begegnete es sowohl nach Auffassung des Verwaltungsgerichts Köln[2] als auch des Oberverwaltungsgerichts Münster[3] erheblichen rechtlichen Bedenken, als die Regulierungsbehörde für Telekommunikation und Post mit ihrem Beschluss nicht nur eine Zusammenschaltung anordnete, sondern zugleich auch Regelungen über Zusammenschaltungsentgelte traf. Die Anordnung der Zusammenschaltung und die Festsetzung der Entgelte hätten jeweils getrennt im Anordnungsverfahren nach § 37 TKG einerseits und im Genehmigungsverfahren nach §§ 39, 25 Abs. 1 TKG andererseits zu erfolgen.[4]
- Zum anderen beständen nach Ansicht des Oberverwaltungsgerichts Münster darüber hinaus insoweit ernstliche Bedenken, als die Regulierungsbehörde für Telekommunikation und Post die festgesetzten Entgelte ihrer Struktur und Höhe nach anhand eines theoretischen Kostenmodells auf der Grundlage eines weitgehend hypothetischen, kostenidealen Telekommunikationsnetzes mit zwei vermittelnden Ebenen entwickelt habe.[5] Vielmehr hätten bei der Ermittlung der Zusammenschaltungsentgelte das zusammenschaltungspflichtige Unternehmen und seine realen Produktionsgegebenheiten im Vordergrund zu stehen.[6] Das resultiere zum einen aus dem in §§ 2, 3 Abs. 1 TEntgV zum Ausdruck kommenden Initiativrecht des Unternehmens, das die zu bepreisen-

---

1 Oberverwaltungsgericht Münster, Beschluss vom 03.05.2001 - 13 B 69/01, K&R 2001, 424.

2 Verwaltungsgericht Köln, Beschluss vom 18.12.2000 - 1 L 2484/00, K&R 2001, 229.

3 Oberverwaltungsgericht Münster, Beschluss vom 03.05.2001 - 13 B 69/01, K&R 2001, 424.

4 Verwaltungsgericht Köln, Beschluss vom 18.12.2000 - 1 L 2484/00, K&R 2001, 229 (229); Oberverwaltungsgericht Münster, Beschluss vom 03.05.2001 - 13 B 69/01, K&R 2001, 424 (425); dazu Fischer/Heun/Sörup, in: Heun, Handbuch Telekommunikationsrecht, Teil 4 Rdnr. 376 ff.; Wissmann, in: Wissmann, Praxishandbuch Telekommunikationsrecht, Kapitel 13 Rdnr. 49; Hummel, CR 2001, 440 (441 ff.).

5 Oberverwaltungsgericht Münster, Beschluss vom 03.05.2001 - 13 B 69/01, K&R 2001, 424 (424); Wissmann, in: Wissmann, Praxishandbuch Telekommunikationsrecht, Kapitel 13 Rdnr. 106.

6 Fischer/Heun/Sörup, in: Heun, Handbuch Telekommunikationsrecht, Teil 4 Rdnr. 398 ff.; Wissmann, in: Wissmann, Praxishandbuch Telekommunikationsrecht, Kapitel 13 Rdnr. 113.

de Leistung erbringt, und der Priorität des Kostennachweisverfahrens. Denn wären nicht das Unternehmen und dessen kostenrelevante Gegebenheiten der Leistungserbringung Ausgangspunkt der Entgeltüberprüfung, sondern ein hypothetisches Kostenmodell, könnte weitgehend auf die Kostennachweispflicht verzichtet werden. Zum anderen folge auch aus der Formulierung des Entgeltmaßstabes, wonach die Entgelte an den Kosten der effizienten Leistungsbereitstellung lediglich zu „orientieren" seien, dass die Entgelte der Höhe und Struktur nach nicht ausschließlich oder weitgehend anhand eines hypothetischen Modells der Kosten eines Unternehmens, das die jeweilige Leistungsbereitstellung zukünftig kostenminimiert mit modernsten, dem Stand der Erkenntnisse und Technik entsprechenden Mitteln aufnimmt, anzusetzen seien.[1]

Das bedeute aber wiederum nicht, dass die Zusammenschaltungsentgelte ausschließlich auf der Grundlage der tatsächlichen Kosten der Leistungsbereitstellung des zusammenschaltungspflichtigen Unternehmens zu ermitteln seien. Vielmehr könnten Kostenmodelle zum Vergleich und zur Korrektur der in Ansatz gebrachten Kosten bezüglich einzelner Positionen herangezogen werden – was möglicherweise bis zu einer zwischen den Vorstellungen der Zusammenschaltungspartner vermittelnden Netzkonfiguration führen könne. Folglich sollten hypothetische Kostenmodelle zwar im Blick bleiben, die realen Gegebenheiten des betroffenen Unternehmens blieben jedoch Ausgangspunkt der Kostenbetrachtung und könnten gegebenenfalls unter Effizienzgesichtspunkten angemessen modifiziert werden.[2]

Die Entgeltermittlung anhand eines theoretischen Kostenmodells auf der Grundlage eines weitgehend hypothetischen, kostenidealen Telekommunikationsnetzes kommt nach Auffassung des Oberverwaltungsgerichts Münster selbst bei fehlenden oder nicht hinreichenden Kostennachweisen gemäß § 2 TEntgV nicht in Betracht.[3] Insoweit könne die Regulierungsbehörde für Telekommunikation und Post auf das Vergleichsmarktverfahren zurückgreifen.[4]

1 Oberverwaltungsgericht NRW, Beschluss vom 3. Mai 2001 - 13 B 69/01, TMR 2002, 136 (139).

2 Oberverwaltungsgericht Münster, Beschluss vom 03.05.2001 - 13 B 69/01, K&R 2001, 424 (427).

3 Kritisch dazu Koenig/Braun, MMR 2001, 563 ff. und Kleinlein/Binder, MMR 2001, 569 ff.

4 Oberverwaltungsgericht NRW, Beschluss vom 3. Mai 2001 - 13 B 69/01, TMR 2002, 136 (139); Wissmann, in: Wissmann, Praxishandbuch Telekommunikationsrecht, Kapitel 13 Rdnr. 111; Fischer/Heun/Sörup, in: Heun, Handbuch Telekommunikationsrecht, Teil 4 Rdnr. 405; zu internationalen Vergleichen im Einzelnen Neumann, in: Picot, Das Telekommunikationsgesetz auf dem Prüfstand, Kapitel 7, S. 81 ff.

Zwar sehe § 3 Abs. 3 TEntgV das Vergleichsmarktverfahren ausschließlich als ein zusätzliches, quasi ergänzendes Instrumentarium vor, es könne aber für den Fall, dass für eine sichere Überprüfung der Entgelte an den Maßstäben des § 24 TKG nicht ausreichende Kostennachweise vorgelegt werden, ergänzend herangezogen werden und werde konsequenterweise auch im Extremfall nicht ausreichender Kostennachweise, nämlich gänzlich fehlender Nachweise, wenn auch mit Nachteilen für den Zusammenschaltungspflichtigen aus der Nichtberücksichtigung seiner individuellen Kostensituation Anwendung finden können. Das Vergleichsmarktverfahren sei geeignet, Entgelte orientiert an den Kosten der effektiven Leistungsbereitstellung zu ermitteln. Auch der Verordnungsgeber der Telekommunikations-Entgeltregulierungsverordnung hielte das Verfahren erkennbar für geeignet, die auf den individuellen Kostengegebenheiten beruhenden Entgeltvorstellungen des die Leistung erbringenden Unternehmens zu relativieren und zu objektivieren, da es auf der berechtigten Annahme beruhe, dass in einem gleichartigen Markt mit funktionierendem Wettbewerb die Entgelte für vergleichbare Leistungen den Kosten der effizienten Leistungsbereitstellung entsprechen oder angenähert seien.[1]

i) Beschluss der Regulierungsbehörde für Telekommunikation und Post vom 12. Oktober 2001

Demzufolge reichte die Deutsche Telekom AG am 3. August 2001 erneut einen Antrag auf Genehmigung der Element-Based-Charging-Entgelte ein. Vor dem Hintergrund des Beschlusses des Oberverwaltungsgerichts Münster vom 3. Mai 2001 sah sich die Regulierungsbehörde für Telekommunikation und Post veranlasst, sowohl ihre bisherige prozessuale als auch ihre materiell-rechtliche Vorgehensweise bei der Ermittlung von Zusammenschaltungsentgelten zu überdenken.

Nach deren Ansicht seien die Bedenken des Verwaltungsgerichts Köln und des Oberverwaltungsgerichts Münster in prozessualer Hinsicht im konkreten Fall jedoch nicht erheblich, da es sich um ein Entgeltregulierungsverfahren gemäß § 39 TKG und nicht um ein Anordnungsverfahren nach Maßgabe des § 37 TKG handele.[2] Bezüglich der materiell-rechtlichen Vorgehensweise hingegen formulierte die Regulierungsbehörde für Telekommunikation und Post in dem auf den

---

1 Oberverwaltungsgericht Münster, Beschluss vom 03.05.2001 - 13 B 69/01, K&R 2001, 424 (426 f.).

2 Regulierungsbehörde für Telekommunikation und Post, Aktuelles: EBC-Entscheidung vom 15. Oktober 2001.

Antrag vom 3. August 2001 ergehenden Beschluss vom 12. Oktober 2001[1] die Methodik der Ermittlung von Element-Based-Charging-Entgelten neu. Sie verzichtete insoweit auf die Anwendung analytischer Kostenmodelle bei fehlenden oder nicht hinreichenden Kostennachweisen und stützte ihre Entgeltentscheidung stattdessen auf den Vergleichsmarktansatz in enger Anlehnung an die Best-Practice-Empfehlung der Europäischen Union[2].[3]

Nach dem Beschluss vom 12. Oktober 2001 beruht die für den Zeitraum ab dem 1. Januar 2002 festgelegte Entgeltstruktur für die Leistungen "Zuführung" und "Terminierung" einerseits auf einer Architektur für die Netzzusammenschaltung, die aus zwei Netzebenen mit 475 lokalen Einzugsbereichen auf der unteren und insgesamt 23 Grundeinzugsbereichen auf der oberen Netzebene besteht, und andererseits auf einer Aufteilung in drei Tarifstufen („local", „single transit" und „double transit")[4]. Eine solche Netzstruktur entspreche nach Ansicht der Regulierungsbehörde für Telekommunikation und Post einer vermittelnden Zusammenschaltungskonfiguration im Sinne eines Kompromisses zwischen den vorhandenen Netzstrukturen der Deutschen Telekom AG und den Wettbewerbern sowie einer effizienten Leistungsbereitstellung, deren Kosten nach dem Telekommunikationsgesetz den Maßstab der Entgeltregulierung bilden.[5] Im Übrigen habe die Deutsche Telekom AG in ihrem Konzept Element Based Charging auf Basis eines Zonenmodells vom Dezember 1999 eine entsprechende unterste Zusammenschaltungsebene von 469 Bereichsvermittlungsstellen vorgeschlagen.[6]

---

1 Regulierungsbehörde für Telekommunikation und Post, Tenor des Beschlusses der Regulierungsbehörde für Telekommunikation und Post vom 12.10.2001 auf Grund des Antrages der Deutschen Telekom AG auf Genehmigung der Entgelte für Basis-, optionale, zusätzliche und Ergänzungsleistungen, Amtsblatt der Regulierungsbehörde für Telekommunikation und Post 21/2001, Mitteilung Nr. 612/2001, 3193.

2 Vgl. Empfehlung der Kommission vom 8. Januar 1998 zur Zusammenschaltung in einem liberalisierten Telekommunikationsmarkt (Teil 1 – Zusammenschaltungsentgelte) (Text von Bedeutung für den EWR) – 98/195/EG, ABl. EG Nr. L 73 vom 12.03.1998, 42 ff. sowie die Darstellung unter C.I.2.; zu internationalen Vergleichen im Einzelnen Neumann, in: Picot, Das Telekommunikationsgesetz auf dem Prüfstand, Kapitel 7, S. 81 ff.

3 Regulierungsbehörde für Telekommunikation und Post, Beschluss vom 12.10.2001 - BK 4a-01-026/E 03.08.01, MMR 2002, 186 (193); Fischer/Heun/Sörup, in: Heun, Handbuch Telekommunikationsrecht, Teil 4 Rdnr. 416 a; Wissmann, in: Wissmann, Praxishandbuch Telekommunikationsrecht, Kapitel 13 Rdnr. 114.

4 Vgl. Geppert/Ruhle/Schuster, Handbuch Recht und Praxis der Telekommunikation, Rdnr. 442.

5 Regulierungsbehörde für Telekommunikation und Post, Beschluss vom 12.10.2001 - BK 4a-01-026/E 03.08.01, MMR 2002, 186 (190).

6 Regulierungsbehörde für Telekommunikation und Post, Beschluss vom 12.10.2001 - BK 4a-01-026/E 03.08.01, MMR 2002, 186 (191).

j) Beschluss des Oberverwaltungsgerichts Münster vom 8. Mai 2002

Gegen den Entgeltgenehmigungsbescheid vom 12. Oktober 2001 erhob die Deutsche Telekom AG Klage und beantragte darüber hinaus vorläufigen Rechtsschutz gemäß § 80 Abs. 5 VwGO und § 123 Abs. 1 VwGO unter Hinweis auf den Beschluss des Oberverwaltungsgerichts Münster vom 3. Mai 2001[1]. Mit Beschluss vom 17. Dezember 2001 lehnte das Verwaltungsgericht Köln die auf einstweiligen Rechtsschutz zielenden Anträge in vollem Umfang ab.[2]

Dagegen beantragte die Deutsche Telekom AG die Zulassung der Beschwerde. Mit Beschluss vom 8. Mai 2002 wies das Oberverwaltungsgericht Münster den Antrag auf Zulassung der Beschwerde der Deutschen Telekom AG zurück.[3]

Nach dessen Auffassung stand einer solchen Entscheidung auch nicht der Beschluss vom 3. Mai 2001[4] entgegen. Zwar seien darin ernstliche Bedenken an der den damals von der Regulierungsbehörde für Telekommunikation und Post festgesetzten Tarifen zugrunde liegenden Entgelt- und Netzstruktur, die mit derjenigen der nunmehr genehmigten Entgelte übereinstimmt, geäußert worden. Es sei aber auch festgestellt worden, dass, auch wenn die realen Produktionsgegebenheiten des regulierten Unternehmens im Vordergrund zu stehen hätten, die Zusammenschaltungsentgelte nicht ausschließlich auf der Grundlage der tatsächlichen Kosten der Leistungsbereitstellung des zusammenschaltungspflichtigen Unternehmens zu ermitteln seien. Bei jener Entscheidung sei jedoch insbesondere davon ausgegangen worden, dass das Ist-Netz der Deutschen Telekom AG dem ihrem damaligen Entgeltgenehmigungsantrag zugrunde gelegten Netz mit drei Ebenen und 936 lokalen Einzugsbereichen auf unterer Ebene jedenfalls in etwa entspreche und auch ein solches Netz Grundlage einer effizienten Leistungsbereitstellung sein könne. Nunmehr sei das Oberverwaltungsgericht Münster aber zu der Auffassung gelangt, dass das Ist-Netz der Deutschen Telekom AG mit dem auch ihrem aktuellen Entgeltgenehmigungsantrag zugrunde gelegten Netz bezüglich der die Vermittlung herstellenden Ebenen und der Zahl der Vermittlungseinrichtungen nicht vergleichbar und ebenfalls ein hypothetisches sei. Sofern zum einen jedenfalls das hypothetische, dem aktuellen Entgeltgenehmi-

1 Oberverwaltungsgericht Münster, Beschluss vom 03.05.2001 - 13 B 69/01, K&R 2001, 424 (424).

2 Verwaltungsgericht Köln, Beschluss vom 17.12.2001 - 1 L 2575/01, MMR 2002, 269.

3 Oberverwaltungsgericht Münster, Beschluss vom 08.05.2002 - 13 B 1636/01, MMR 2002, 567.

4 Oberverwaltungsgericht Münster, Beschluss vom 03.05.2001 - 13 B 69/01, K&R 2001, 424 (424); bestätigt durch Beschluss des Oberverwaltungsgerichts Münster vom 08.05.2002 - 13 B 307/02, MMR 2002, 566 (566).

gungsantrag der Deutschen Telekom AG zugrunde gelegte Netz, soweit es einer vertretbaren unternehmerischen Leitentscheidung entspreche, bereits als ein eine effiziente Leistungsbereitstellung ermöglichendes Netz angesehen werden könnte, lasse zum anderen die von dem Großteil der eine Zusammenschaltung beanspruchenden Wettbewerber geforderte, der Tarifierung zugrunde zu legende Netzkonzeption erst recht eine effiziente Leistungsbereitstellung erwarten. Demzufolge habe die Regulierungsbehörde für Telekommunikation und Post einen zwischen beiden Extremen vermittelnden Ansatz gefunden, der bereits in dem Beschluss vom 3. Mai 2001 als mögliche Konfliktlösung angedeutet worden sei.[1]

3. Beurteilungsspielraum

Auf Grund der erheblich divergierenden Sichtweisen der Wettbewerber, der Regulierungsbehörde für Telekommunikation und Post sowie der Deutschen Telekom AG in Bezug auf die effiziente Netzstruktur, d.h. die Netzstruktur, die die effiziente Leistungsbereitstellung abbildet, deren Kosten nach dem Telekommunikationsgesetz wiederum den Maßstab für die zu genehmigenden Entgelte darstellen, ist somit von Bedeutung, ob bei deren Festlegung ein Beurteilungsspielraum besteht und gegebenenfalls wem ein solcher zusteht.

a) Fallkonstellationen

Insoweit ist jedoch aus rechtssystematischen Gründen zuvor anhand der dargestellten behördlichen und gerichtlichen Entscheidungen herauszuarbeiten und abzugrenzen, in welcher der unterschiedlichen Konstellationen die Thematik überhaupt zum Tragen kommt.

aa) Vollständige Kostenunterlagen

Bei der Vorlage vollständiger Nachweise im Sinne des § 2 Abs. 1 und 2 TEntgV[2] hat die Regulierungsbehörde für Telekommunikation und Post dieselben nach Maßgabe des § 3 TEntgV dahingehend zu überprüfen, ob und inwieweit sich die beantragten Entgelte an den Kosten der effizienten Leistungsbereitstellung orientieren. Die Ist-Kostennachweise bilden somit den Ausgangspunkt und das In-

---

1 Oberverwaltungsgericht NRW, Beschluss vom 8. Mai 2002 - 13 B 1636/01, TMR 2002, 301 (303 f.).

2 Vgl. Schuster/Stürmer, in: Beck'scher TKG-Kommentar, Anhang § 27, § 2 TEntgV Rdnr. 1 ff.

strumentarium für die Berechnungen. Dabei werden die Kosten der effizienten Leistungsbereitstellung als gesetzlicher Bewertungsmaßstab der Entgelte mittels geeigneter Modifikationen, die die im Rahmen der Prüfungen eventuell identifizierten Ineffizienzen egalisieren, bestimmt. Im Einzelnen werden wesentliche Kostenparameter identifiziert und im Anschluss daran Beurteilungen anhand von Referenzwerten vorgenommen, aus denen gegebenenfalls Korrekturen einzelner Werte resultieren, die sich wiederum auf die Kosten der effizienten Bereitstellung der jeweiligen Dienstleistung auswirken können.[1] Bei einer solchen Konstellation stellt sich die Frage nach einem eventuell bestehenden Beurteilungsspielraum bei der Festlegung der effizienten Netzstruktur demzufolge nicht.[2]

bb) Unvollständige Kostenunterlagen

Bei der Vorlage unvollständiger Nachweise im Sinne des § 2 Abs. 1 und 2 TEntgV ist demgegenüber erst einmal fraglich, welche Entscheidungsmöglichkeiten der Regulierungsbehörde für Telekommunikation und Post zur Verfügung stehen. Gemäß § 2 Abs. 3 TEntgV kann die Regulierungsbehörde für Telekommunikation und Post einen Entgeltantrag ablehnen, wenn das antragstellende Unternehmen die in den Absätzen 1 und 2 genannten Unterlagen nicht vollständig vorgelegt hat. Die Entscheidung, ob und inwieweit die Ablehnung eines Entgeltantrags wegen unvollständiger Kostenunterlagen erfolgt, steht danach im pflichtgemäßen Ermessen der Regulierungsbehörde für Telekommunikation und Post.[3] Die Eröffnung eines Ermessens für die Entscheidungsfindung soll der Behörde eine Lösung ermöglichen, die angesichts der besonderen Umstände des konkreten Falls nach Abwägung allen Für und Wider "dem Zweck der Ermächtigung" am besten gerecht wird.[4]

Dabei resultiert die Einräumung eines Ermessens in § 2 Abs. 3 TEntgV aus der Zielsetzung des Gesetzgebers, dass die ohnehin knapp bemessene Frist für die Erteilung von Entgeltgenehmigungen, die das Telekommunikationsgesetz vorgibt, nicht noch zur Nachforderung von Kostennachweisen über die Ist-

1 Vgl. Regulierungsbehörde für Telekommunikation und Post, Beschluss vom 12.10.2001 - BK 4a-01-026/E 03.08.01, MMR 2002, 186 (188 f.).
2 Vgl. die Darstellung unter C.I.4.b)bb).
3 Fischer/Heun/Sörup, in: Heun, Handbuch Telekommunikationsrecht, Teil 4 Rdnr. 412; Wissmann, in: Wissmann, Praxishandbuch Telekommunikationsrecht, Kapitel 13 Rdnr. 52; Manssen, in: Manssen, Kommentar, TKG, Band 1, Anhang § 27, TEntgV Rdnr. 19.
4 Kopp/Ramsauer, Kommentar zum VwVfG, § 40 Rdnr. 48; Erichsen/Ehlers, Allgemeines Verwaltungsrecht, § 10 Rdnr. 10 ff.; Ipsen, Rdnr. 522; Detterbeck, Rdnr. 311.

Kosten des die Entgeltgenehmigung beantragenden Unternehmens verwendet werden muss. Die kurze Frist ihrerseits folgt wiederum aus dem Umstand, dass zur Schaffung eines funktionsfähigen und chancengleichen Wettbewerbs im Telekommunikationsbereich die Wettbewerber Planungssicherheit für die Preiskalkulationen der von ihnen angebotenen Produkte benötigen, und zwar insbesondere hinsichtlich solcher Preise, die für Vorprodukte an die Deutsche Telekom AG zu entrichten sind, wie beispielsweise die Entgelte für Verbindungsleistungen im Rahmen der Netzzusammenschaltung. Dabei setzt Planungssicherheit die Kenntnis der Vorproduktpreise voraus.[1]

(A) Ablehnung eines Entgeltantrags

Das Ermessen könnte auf Null reduziert und damit der Entgeltgenehmigungsantrag abzulehnen sein[2], wenn innerhalb der Verfahrensfrist die Kostennachweise nicht erfolgreich nachgebessert werden.[3] Gemäß § 24 Abs. 1 TKG ist jedoch für die Genehmigungsentscheidung nicht maßgebend, ob die beantragten Entgelte den dargelegten Ist-Kosten entsprechen, sondern, ob sich die beantragten Entgelte an den Kosten der effizienten Leistungsbereitstellung orientieren. Die Ist-Kosten stellen lediglich den von der Telekommunikations-Entgeltregulierungsverordnung vorgesehenen primären Ausgangspunkt bei der Ermittlung der Kosten der effizienten Leistungsbereitstellung dar. Können aber für einige Leistungen die Kosten der effizienten Leistungsbereitstellung auch auf der Basis anderer Kostenbetrachtungen ermittelt werden, kommt eine Ermessensreduzierung auf Null nicht in Betracht.[4] Demgemäß lehnt die Regulierungsbehörde für Telekommunikation und Post einen Entgeltantrag wegen unvollständiger Kostenunterlagen regelmäßig dann ab, wenn ohne ausreichende Kostennachweise der Deutschen Telekom AG keine alternativen Ermittlungsmöglichkeiten der Kosten der effizienten Leistungsbereitstellung zur Verfügung stehen.[5]

---

1 Vgl. Regulierungsbehörde für Telekommunikation und Post, Beschluss vom 12.10.2001 - BK 4a-01-026/E 03.08.01, MMR 2002, 186 (189 f.).

2 Vgl. Kopp/Ramsauer, Kommentar zum VwVfG, § 40 Rdnr. 30; Wolff/Bachof/Stober, Verwaltungsrecht, § 31 Rdnr. 56; Erichsen/Ehlers, Allgemeines Verwaltungsrecht, § 10 Rdnr. 21; Battis, Allgemeines Verwaltungsrecht, C.I.2.c)aa) (S.140).

3 Vgl. Schuster/Stürmer, in: Beck'scher TKG-Kommentar, Anhang § 27, § 2 TEntgV Rdnr. 15 i.V.m. § 28 Rdnr. 4.

4 Vgl. Regulierungsbehörde für Telekommunikation und Post, Beschluss vom 12.10.2001 - BK 4a-01-026/E 03.08.01, MMR 2002, 186 (189 f.).

5 Vgl. beispielsweise Regulierungsbehörde für Telekommunikation und Post, Tenor der Entscheidung vom 31.08.2001 zum Antrag der Deutschen Telekom AG auf Genehmigung der Entgelte im Rahmen des Zugangs zur Teilnehmeranschlussleitung

(B) (Teilweise) Genehmigung eines Entgeltantrags

Sofern demgegenüber andere Möglichkeiten zur Ermittlung der Kosten der effizienten Leistungsbereitstellung bestehen, kommt dagegen unter Berücksichtigung der Regulierungsziele des § 2 TKG eine zumindest teilweise Erteilung der beantragten Genehmigung in Betracht.[1] Mit dem Vergleichsmarktverfahren gemäß § 3 Abs. 3 TEntgV steht eine solche alternative Möglichkeit zur Ermittlung der Kosten der effizienten Bereitstellung von Netzzusammenschaltungsleistungen zur Verfügung.[2] Die Ermittlung netzelementbasierter Entgelte im Rahmen eines solchen Verfahrens bedarf aber der vorherigen Festlegung der der Betrachtung zugrunde gelegten kostenrelevanten Netzinfrastruktur. Demzufolge stellt sich lediglich in einer solchen Konstellation die Frage nach einem eventuell bestehenden diesbezüglichen Beurteilungsspielraum.

Dabei beinhaltet die Thematik der effizienten Netzstruktur, d.h. der Netzstruktur, die die effiziente Leistungsbereitstellung abbildet, vorrangig den Teilaspekt, ob bei deren Festlegung ein Beurteilungsspielraum und nicht nur eine reine Vertretbarkeitskontrolle besteht. Im Anschluss daran ist zu prüfen, wem ein eventuell bestehender Beurteilungsspielraum zusteht.

b) Entscheidungsspielraum bei der Beurteilung eines unbestimmten Rechtsbegriffs

Die Anerkennung eines der gerichtlichen Kontrolle nur beschränkt unterliegenden Entscheidungsspielraums der Verwaltung bei der Beurteilung eines unbestimmten Rechtsbegriffs erfordert dabei eine entsprechende Regelung im Gesetz.[3] Insoweit muss der einschlägigen Rechtsvorschrift zumindest durch Auslegung entsprechend deren Sinn und Zweck sowie unter Berücksichtigung der Eigenart der einschlägigen Verwaltungsmaterie die Entscheidung des Gesetzgebers zu entnehmen sein, dass die Verwaltung ermächtigt ist, über das Vorliegen der

---

für die Überlassung der Varianten OPAL/ISIS und Bereitstellung der Varianten Glasfaser 1 und 2 nach § 39 TKG, Amtsblatt der Regulierungsbehörde für Telekommunikation und Post 18/2001, Mitteilung Nr. 529/2001, 2773; Wissmann, in: Wissmann, Praxishandbuch Telekommunikationsrecht, Kapitel 13 Rdnr. 52.

1 Vgl. Schütz, MMR 2001, 552 (555); Scherer, NJW 2000, 772 (775); Nacimiento, K&R 2002, 193 (194).

2 Vgl. Oberverwaltungsgericht NRW, Beschluss vom 3. Mai 2001 - 13 B 69/01, TMR 2002, 136 (139); zu internationalen Vergleichen im Einzelnen Neumann, in: Picot, Das Telekommunikationsgesetz auf dem Prüfstand, Kapitel 7, S. 81 ff.

3 Kopp/Ramsauer, Kommentar zum VwVfG, § 40 Rdnr. 71.

tatbestandlichen Voraussetzungen eines unbestimmten Rechtsbegriffs abschließend zu entscheiden.[1]

Bei dem Begriff der effizienten Leistungsbereitstellung handelt es sich um einen unbestimmten Rechtsbegriff, bei dessen Konkretisierung der Regulierungsbehörde für Telekommunikation und Post ein Beurteilungsspielraum zusteht. Denn aus einer am Sinn und Zweck der Entgeltregulierung orientierten Auslegung des Telekommunikationsgesetzes und der Telekommunikations-Entgeltregulierungsverordnung resultiert, dass sowohl die anwendbaren materiellrechtlichen Regelungen als auch die organisations- und verfahrensrechtliche Ausgestaltung des Entgeltregulierungsverfahrens einen Beurteilungsspielraum begründen.

Die an dem Maßstab der Kosten der effizienten Leistungsbereitstellung orientierte Entgeltgenehmigung, die das Telekommunikationsgesetz vorsieht, soll sicherstellen, dass die Wettbewerber für die von der Deutschen Telekom AG erbrachten Leistungen nur diejenigen Entgelte zu entrichten haben, die in etwa denjenigen entsprechen, die unter Wettbewerbsbedingungen zu zahlen wären.[2] Nach der gesetzlichen Konzeption soll der Prozess des Wettbewerbs dadurch initiiert werden, dass die Regulierungsbehörde für Telekommunikation und Post ein zukünftiges Entgeltniveau, das in einem Markt bestünde, in dem bereits ein funktionsfähiger und chancengleicher Wettbewerb herrschte, durch die zu erteilende Entgeltgenehmigung antizipiert. Demzufolge beruht der zugrunde zu legende Entgeltregulierungsmaßstab der Kosten der effizienten Leistungsbereitstellung auf vielfältigen prognostischen Einschätzungen über das künftige Entgeltniveau. Des Weiteren bedarf es für die jeweilige Konkretisierung der Kosten der effizienten Leistungsbereitstellung im hohen Maße wertender Entscheidungen über die Bestimmung der erforderlichen Parameter und die Auswahl der für die Bewertung dieser Parameter anzuwendenden wirtschaftswissenschaftlichen und technischen Methoden. Die Notwendigkeit derartiger Prognosen spricht für einen Beurteilungsspielraum, zumal prognostische Entscheidungen wertenden Charakters, bei denen der Gesetzgeber hinsichtlich der Einschätzung künftiger Entwicklungen der Verwaltung die Letztverantwortung zugewiesen hat, eine Fallgruppe der Lehre vom Beurteilungsspielraum darstellen.[3] Dabei umfasst der Beurteilungsspielraum bei der Konkretisierung des Begriffs der Kosten der effizienten Leistungsbereitstellung als Vorfrage auch die Bestimmung der effizienten Leistungs-

1 Maurer, § 7 Rdnr. 31 ff.; Bull, Rdnr. 377.
2 Fischer/Heun/Sörup, in: Heun, Handbuch Telekommunikationsrecht, Teil 4 Rdnr. 416 e.
3 Kopp/Ramsauer, Kommentar zum VwVfG, § 40 Rdnr. 18; Wolff/Bachof/Stober, Verwaltungsrecht, § 31 Rdnr. 20; Knack, Kommentar zum VwVfG, § 40 Rdnr. 22.

bereitstellung selbst. Demzufolge besteht ein Beurteilungsspielraum bei der Festlegung der effizienten Netzstruktur.[1]

c) Adressat des Beurteilungsspielraums

Die Beantwortung der Frage, wem ein solcher Beurteilungsspielraum zusteht, richtet sich nach der Entscheidungskompetenz der Regulierungsbehörde für Telekommunikation und Post[2]. Insoweit ist die Entscheidung über die Kosten der effizienten Leistungsbereitstellung und damit über den Maßstab zur Ermittlung genehmigungsfähiger Entgelte der Regulierungsbehörde für Telekommunikation und Post durch ihre Beschlusskammern als kollegiale Spruchkörper zugewiesen worden, so dass ihr insofern die Ausfüllung des normativen Kostenbegriffs des Telekommunikationsgesetzes obliegt.[3] Somit steht der Regulierungsbehörde für Telekommunikation und Post die Beurteilung dessen zu, was als effiziente Leistungsbereitstellung anzuerkennen ist und welche Entgelte dementsprechend zu genehmigen sind.[4]

Die Annahme eines Beurteilungsspielraums trägt auch dem Umstand Rechnung, dass ein effizientes Netz von niemandem mit hinreichender Sicherheit allgemein gültig festgelegt werden kann. Damit besteht insoweit auch eine nur eingeschränkte gerichtliche Überprüfbarkeit hinsichtlich sogenannter Beurteilungsfehler.[5] Derartige Fehler können beispielsweise aus dem Fehlen einer nachvollziehbaren Begründung, dem Verstoß gegen Verfahrensvorschriften, unzutreffendem oder unvollständig ermitteltem Sachverhalt, der falschen Auslegung des Rechtsbegriffs, der Missachtung allgemeingültiger Bewertungsgrundsätze oder

---

1 Vgl. Regulierungsbehörde für Telekommunikation und Post, Beschluss vom 12.10.2001 - BK 4a-01-026/E 03.08.01, MMR 2002, 186 (190 f.).

2 Vgl. zur Unabhängigkeit der Regulierungsbehörde für Telekommunikation und Post im Einzelnen Eschweiler, Die Regulierungsbehörde im Spannungsfeld zwischen Unabhängigkeit und Weisungsunterworfenheit, K&R 2001, 238 ff. sowie Bender, K&R 2001, 506 ff.

3 Vgl. Wissmann, in: Wissmann, Praxishandbuch Telekommunikationsrecht, Kapitel 13 Rdnr. 21 i.V.m. Rdnr. 16.

4 Vgl. Regulierungsbehörde für Telekommunikation und Post, Beschluss vom 08.09.2000 - BK 4a-00-018/Z 30.06.00, MMR 2001, 262 (265); Breyer, CR 2002, 722 (727); Rädler, CR 2001, 451 (453).

5 Kopp/Ramsauer, Kommentar zum VwVfG, § 40 Rdnr. 14; Kopp/Schenke, Kommentar zur VwGO, § 114 Rdnr. 23; Stelkens/Bonk/Sachs, Kommentar zum VwVfG, § 40 Rdnr. 177; Schoch/Schmidt-Aßmann/Pietzner, Kommentar zur VwGO, § 114 Rdnr. 62.

sachfremden Erwägungen resultieren.[1] Bei der Ausübung des Beurteilungsspielraums ist des Weiteren das Konzept der zwischen den Annahmen des regulierten Unternehmens und seiner Wettbewerber vermittelnden Netzkonfiguration des Oberverwaltungsgerichts Münster zu berücksichtigen, zumal wenn auch das regulierte Unternehmen seinem Entgeltantrag ein von seinem Ist-Netz abweichendes hypothetisches Netz zugrunde legt, das erst noch durch Umbauten zu realisieren wäre.[2]

II. Berücksichtigung neutraler Aufwendungen bei der Regulierung der Entgelte der Netzzusammenschaltung

In diesem Zusammenhang ist anschließend zu untersuchen, inwieweit nach der im Rahmen des Beurteilungsspielraums von der Regulierungsbehörde für Telekommunikation und Post vorgenommenen Bestimmung der effizienten Netzstruktur, die der Vergleichsmarktbetrachtung zugrunde zu legen ist, und der Ermittlung der dementsprechenden Kosten darüber hinausgehende Kosten als neutrale Aufwendungen bei der Entgeltgenehmigung zu berücksichtigen sind. Gemäß § 3 Abs. 4 Satz 1 TEntgV gelten die nach § 2 Abs. 2 TEntgV nachgewiesenen Kosten, soweit sie die Kosten der effizienten Leistungsbereitstellung nach § 3 Abs. 2 TEntgV übersteigen, als neutrale Aufwendungen, die für die effiziente Leistungsbereitstellung nicht notwendig sind. Diese Aufwendungen sowie andere neutrale Aufwendungen werden nach Maßgabe des § 3 Abs. 4 Satz 2 TEntgV im Rahmen der Entgeltgenehmigung nur unter den dort genannten Voraussetzungen berücksichtigt.

Bei der Vorlage unvollständiger Nachweise im Sinne des § 2 Abs. 1 und 2 TEntgV scheidet jedoch die Bestimmung neutraler Aufwendungen anhand des in § 3 Abs. 4 Satz 1 TEntgV beschriebenen Verfahrens aus.[3] Daneben umfasst § 3 Abs. 4 Satz 2 TEntgV in der zweiten Alternative aber noch andere neutrale Aufwendungen. Insoweit ist folglich zu prüfen, auf welche Art und Weise solche anderen neutralen Aufwendungen bei der Regulierung der Entgelte der Netzzusammenschaltung ermittelt werden können.

---

1 Kopp/Ramsauer, Kommentar zum VwVfG, § 40 Rdnr. 14, 86; Kopp/Schenke, Kommentar zur VwGO, § 114 Rdnr. 30 ff.; Eyermann, Kommentar zur VwGO, § 114 Rdnr. 77 ff.

2 Vgl. Oberverwaltungsgericht Münster, Beschluss vom 08.05.2002 - 13 B 1636/01, MMR 2002, 567 (568).

3 Vgl. Spoerr, Zusammenschaltung und Telekommunikations-Entgeltregulierung in der Krise?, K&R 2001, 213 (216).

1. Verfahren zur Bestimmung neutraler Aufwendungen

Dabei ist einerseits davon auszugehen, dass das hypothetische, dem Entgeltgenehmigungsantrag der Deutschen Telekom AG zugrunde gelegte Netz als ein eine effiziente Leistungsbereitstellung ermöglichendes Netz angesehen werden kann, sofern es einer vertretbaren unternehmerischen Leitentscheidung entspricht. In diesem Zusammenhang lassen sich aber im Rahmen der Unternehmensführung bei der Auslegung des Telekommunikationsnetzes als Produktionsmittel und damit als die sachliche Voraussetzung für die Bereitstellung von Zusammenschaltungsleistungen unterschiedliche Auffassungen jeweils fachlich gut vertreten. Insoweit ist auch eine Netzkonfiguration, die auf Sicherheitsmargen für Spitzenbelastungen oder zur Aufnahme erwarteter, nicht quantifizierbarer Verkehre ausgelegt ist, zu akzeptieren.[1] Konsequenterweise lässt dann andererseits die von dem Großteil der eine Zusammenschaltung beanspruchenden Wettbewerber geforderte, der Tarifierung zugrunde zu legende Netzkonzeption erst recht eine effiziente Leistungsbereitstellung erwarten.[2]

Demzufolge kommt die Differenz zwischen den Kosten, die sich mittels der Vergleichsmarktbetrachtung unter Zugrundelegung der von der Regulierungsbehörde für Telekommunikation und Post festgelegten vermittelnden effizienten Netzstruktur berechnen, und denjenigen, die sich bei der Zugrundelegung des von der Deutschen Telekom AG vorgeschlagenen hypothetischen Netzes ergeben, als neutraler Aufwand in Betracht. Denn auf Grund fehlender Kostennachweise scheidet der nach der Telekommunikations-Entgeltregulierungsverordnung vorgesehene Abgleich der Ist-Kosten mit den Kosten der effizienten Leistungsbereitstellung zur Ermittlung neutraler Aufwendungen aus. Konsequenterweise kann auch insoweit lediglich eine pauschalierte Vorgehensweise dergestalt zur Anwendung gelangen, als die Festlegung der effizienten Netzstruktur seitens der Regulierungsbehörde für Telekommunikation und Post und die darauf beruhende Ermittlung der Kosten der effizienten Leistungsbereitstellung im Rahmen der Vergleichsmarktbetrachtung zwangsläufig zur Folge hat, dass die Mehrkosten, die sich demgegenüber unter Zugrundelegung der von der Deutschen Telekom AG vorgeschlagenen hypothetischen Netzstruktur errechnen, neutrale Aufwendungen darstellen.

---

1 Vgl. Oberverwaltungsgericht Münster, Beschluss vom 03.05.2001 - 13 B 69/01, K&R 2001, 424 (428).

2 Vgl. Oberverwaltungsgericht Münster, Beschluss vom 08.05.2002 - 13 B 1636/01, MMR 2002, 567 (568).

2. Methodik der Berücksichtigung neutraler Aufwendungen

Die dementsprechend ermittelten neutralen Aufwendungen können nach Maßgabe des § 3 Abs. 4 Satz 2 TEntgV im Rahmen der Entgeltgenehmigung nur berücksichtigt werden, soweit und solange hierfür eine rechtliche Verpflichtung besteht oder das beantragende Unternehmen eine sonstige sachliche Rechtfertigung nachweist. Mangels rechtlicher Verpflichtung der Deutschen Telekom AG zur Errichtung der von ihr vorgeschlagenen hypothetischen Netzstruktur kommt lediglich eine sonstige sachliche Rechtfertigung in Betracht.

Insoweit ist eine Abwägung zwischen den unterschiedlichen Interessen vorzunehmen, ob, in welchem Umfang und für welchen Zeitraum eine solche sachliche Rechtfertigung besteht.[1] Das Interesse der Deutschen Telekom AG besteht darin, der Vergleichsmarktbetrachtung eine solche hypothetische effiziente Netzarchitektur zugrunde zu legen, die möglichst weitgehend dem bestehenden, historisch gewachsenen Netz entspricht, damit zum einen die demgemäß festgesetzten Zusammenschaltungsentgelte im Wesentlichen zur Deckung der tatsächlichen Kosten der Zusammenschaltungsleistungen beitragen. Zum anderen sollen sich die bisher in das Netz getätigten Investitionen weitgehend amortisieren und der Umfang der erforderlichen Netzanpassungsmaßnahmen moderat gehalten werden. Im diametralen Gegensatz dazu steht das Interesse der Wettbewerbsunternehmen. Es ist darauf gerichtet, eine derartige virtuelle effiziente Netzstruktur als Grundlage heranzuziehen, die über eine möglichst geringe Anzahl von Netzebenen und von Zusammenschaltungspunkten, die ein Wettbewerber benötigt, um flächendeckend den günstigsten Tarif zu erhalten, verfügt, damit einerseits die Zusammenschaltungsentgelte dementsprechend niedrig festgesetzt und somit hohe Wertschöpfungen erzielt sowie andererseits die erforderlichen Investitionen in den Ausbau des eigenen Netzes gering gehalten werden.

In Anlehnung an das Konzept der vermittelnden Netzkonfiguration des Oberverwaltungsgerichts Münster zur Festlegung des effizienten Netzes[2] sollte bei der sich anschließenden Prüfung zwecks Ermittlung der im Rahmen der Entgeltgenehmigung zu berücksichtigenden neutralen Aufwendungen zum Ausgleich der widerstreitenden Interessen ebenfalls ein vermittelnder Ansatz zur Anwendung gelangen, um eine einheitliche Vorgehensweise auf beiden Prüfungsebenen der Thematik zu gewährleisten. Auf der einen Seite begründet die von der Regulierungsbehörde für Telekommunikation und Post getroffene Entscheidung über die der Entgeltfestsetzung zugrunde liegende Netzkonfiguration zwar keine rechtli-

1 Vgl. die Darstellung unter C.I.4.b)cc).

2 Oberverwaltungsgericht Münster, Beschluss vom 03.05.2001 - 13 B 69/01, K&R 2001, 424 (427).

che Verpflichtung der Deutschen Telekom AG zu einem dementsprechenden Umbau ihres Netzes. Aus betriebswirtschaftlicher Sicht unterliegt die Deutsche Telekom AG aber dem faktischen Zwang, ihre Produktionsgegebenheiten und damit auch das Telekommunikationsnetz der der Entgeltfestsetzung zugrunde liegenden Netzstruktur anzupassen. Denn anderenfalls wirtschaftete sie zu den festgesetzten Entgelten unrentabel, da sie beispielsweise bei der Genehmigung der für Zusammenschaltungsleistungen zu zahlenden Entgelte in Form von 3 Tarifzonen und auf der Grundlage eines 2-Ebenennetzes für die eventuelle Inanspruchnahme eines Teils der Netzelemente (Standardeinzugsbereiche) kein Entgelt beanspruchen kann.[1] Dabei ist selbst die Amortisation derartiger Investitionen zur Produktionsanpassung auf Grund der kurzen Laufzeiten bis zur jeweils nächsten Entgeltfestsetzung, aus der gegebenenfalls noch niedrigere Entgelte und damit noch weitergehende Änderungen der Netzstruktur resultierten, fraglich und demzufolge eine gewisse schleichende Vermögensauszehrung der Deutschen Telekom AG nicht auszuschließen. Auf der anderen Seite verfolgt die Regulierungsbehörde für Telekommunikation und Post mittels einer zwischen den unterschiedlichen hypothetischen Netzen vermittelnden Interconnection-Entgeltstruktur vornehmlich auch den Zweck, eine Anreizwirkung für Netzanpassungsmaßnahmen der Deutschen Telekom AG in Richtung auf die von ihr festgesetzte fiktive effiziente Netzstruktur durch unterschiedliche Tarifstufen zu schaffen.[2]

Zum Ausgleich der widerstreitenden Interessen kommt im Rahmen des vermittelnden Ansatzes eine dreistufige Vorgehensweise in Betracht. In einem ersten Schritt sollte der Vergleichsmarktbetrachtung eine Netzarchitektur zugrunde gelegt werden, die zwischen der von der Regulierungsbehörde für Telekommunikation und Post festgelegten und der von der Deutschen Telekom AG vorgeschlagenen effizienten Netzstruktur entsprechend dem Konzept des Oberverwaltungsgerichts Münster[3] vermittelt. In einem zweiten Schritt erfolgt dann die Berechnung der Differenz zwischen den Kosten, die sich mittels der Vergleichsmarktbetrachtung unter Zugrundelegung der von der Regulierungsbehörde für Telekommunikation und Post ermittelten effizienten Netzstruktur ergeben, und denjenigen, die sich bei der Zugrundelegung der im ersten Schritt festgelegten vermittelnden Netzkonfiguration errechnen. In einem dritten Schritt ist dann der derart ermittelte Differenzbetrag im Rahmen der Entgeltgenehmigung als neutraler Aufwand zu berücksichtigen.

---

1 Vgl. Verwaltungsgericht Köln, Beschluss vom 24.01.2002 - 1 L 2574/01, MMR 2002, 266 (267).

2 Vgl. Oberverwaltungsgericht Münster, Beschluss vom 03.05.2001 - 13 B 69/01, K&R 2001, 424 (428).

3 Oberverwaltungsgericht Münster, Beschluss vom 03.05.2001 - 13 B 69/01, K&R 2001, 424 (427).

Bei einer solchen Vorgehensweise ist gewährleistet, dass einerseits die von der Regulierungsbehörde für Telekommunikation und Post verfolgte Zielrichtung der Schaffung eines nach ihrer Auffassung effizienten Netzes und andererseits die Amortisation bisher getätigter Netzinvestitionen seitens der Deutschen Telekom AG angemessen zum Ausgleich gelangen. Angesichts der von der Deutschen Telekom AG auf Grund der faktischen Wirkung der Entgeltfestsetzung tatsächlich realisierten Netzanpassungsmaßnahmen erfolgt zudem mit jeder weiteren Entgeltentscheidung eine kontinuierliche Annäherung des tatsächlichen Netzes der Deutschen Telekom AG an die von der Regulierungsbehörde für Telekommunikation und Post jeweils festgelegte hypothetische effiziente Netzstruktur. Demzufolge reduziert sich der Umfang der im Rahmen der Entgeltgenehmigung zu berücksichtigenden neutralen Aufwendungen ebenfalls kontinuierlich. Damit trägt die vorgeschlagene Vorgehensweise auch dem Umstand Rechnung, dass die Deutsche Telekom AG ihre Unternehmenspolitik an den veränderten Gegebenheiten ausrichten kann und somit die Gewichtung von deren Interessen in Relation zu denen der Wettbewerber mit fortschreitendem Zeitablauf abnimmt. Hinsichtlich der zeitlichen Komponente ist im Übrigen zu berücksichtigen, dass der Annäherungsprozess des tatsächlichen Netzes der Deutschen Telekom AG an die seitens der Regulierungsbehörde für Telekommunikation und Post jeweils festgelegte hypothetische effiziente Netzstruktur einen langfristigen Vorgang darstellt, da die fortschreitende technologische Entwicklung die von der Deutschen Telekom AG realisierten Netzanpassungsmaßnahmen zum Teil wieder aufhebt. Demnach ist für die Berücksichtigung diesbezüglicher neutraler Aufwendungen im Rahmen der Entgeltregulierung ein entsprechender Zeithorizont zu veranschlagen.

E. Zusammenfassung

Die Berücksichtigung neutraler Aufwendungen - einem Terminus aus der Betriebswirtschaftslehre - im Rahmen der Entgeltregulierung stellt eine Ausnahme von dem Grundsatz der Kosten der effizienten Leistungsbereitstellung dar. Zusammenfassend ist demnach hinsichtlich des ersten Untersuchungskomplexes, der Fragestellung, welche Kosten der Deutschen Telekom AG unter der Voraussetzung der Vorlage vollständiger Nachweise als neutrale Aufwendungen in Betracht kommen sowie ob, in welchem Umfang und für welchen Zeitraum sie im Rahmen der Entgeltgenehmigung zu berücksichtigen sind, Folgendes festzustellen:

Der Begriff der neutralen Aufwendungen unterteilt sich in den Grundbegriff der Aufwendungen als einer Strömungsgröße und die nähere Bestimmung neutral, die sich in ihrer Abgrenzung zu Zweckaufwand definiert. Dabei ist unter Aufwand jeder Geschäftsvorfall zu verstehen, der eine Verminderung des Nettovermögens hervorruft. Bei neutralem Aufwand wiederum handelt es sich um Aufwand, dem keine Kosten gegenüberstehen. Darüber hinaus lassen sich neutrale Aufwendungen in drei Kategorien unterteilen, und zwar den betriebsfremden, den bewertungsbedingten und den außerordentlichen Aufwand.

Dementsprechend kamen im Einzelnen aus dem Bereich der allgemeinen Personalaufwendungen die Aufwendungen für Personalüberhänge, für Personalabbau und für den Anteil der „Personalgrund- und Personalnebenkosten", der deren durchschnittliche Höhe überschreitet, als Untersuchungsgegenstand in Betracht. Daneben bildeten Ausgleichszahlungen für Wohnungsfürsorgeleistungen an die Deutsche Post Wohnen GmbH, Verwaltungskosten-Erstattungen, Zuschüsse an die Postbeamtenkrankenkasse, Aufwendungen für die Bundesanstalt für Post und Telekommunikation Deutsche Bundespost, Aufwendungen für Krisenvorsorge und Zivilschutz sowie Zuschüsse für die Museumsstiftung Post und Telekommunikation weitere Untersuchungsschwerpunkte. Abschließend unterlagen Aufwendungen für Sozialanschlüsse und Sozialtarife, für das Förderprogramm Schulen ans Netz sowie für die Telefonseelsorge einer näheren Betrachtung.

Die insoweit zum Gegenstand der Untersuchung gemachten Aufwendungen der Deutschen Telekom AG stellen neutrale Aufwendungen dar, da es sich ausnahmslos um solche handelt, die nicht unverzichtbar für die Erstellung der jeweils zu betrachtenden Leistung sind. Des Weiteren sind sie auch auf Grund bestehender rechtlicher Verpflichtung oder sonstiger sachlicher Rechtfertigung im

Rahmen der Entgeltregulierung zu berücksichtigen. Deren Umfang sollte sich jedoch mit weiterem Zeitablauf erkennbar reduzieren. Denn der Handlungsspielraum der Deutschen Telekom AG, eine an unternehmerischen Zielen orientierte Geschäftspolitik zu verfolgen, hat sich seit der Privatisierung und im Zuge der Postreform II deutlich erweitert, so dass rechtliche und sonstige sachliche Gründe für eine Berücksichtigung von neutralen Aufwendungen im Rahmen der Entgeltregulierung damit tendenziell abnehmen werden. Im Übrigen resultierte aus der in diesem Zusammenhang vorgenommenen systematischen und teleologischen Auslegung des § 3 Abs. 4 TEntgV keine Einschränkung von dessen Wortlaut.

In Bezug auf den zweiten Untersuchungskomplex, der Sonderproblematik, mittels welcher Methodik neutrale Aufwendungen bei der Regulierung der Entgelte der Netzzusammenschaltung im Falle der Vorlage unvollständiger Kostennachweise Berücksichtigung finden können, ist zusammenfassend Folgendes festzustellen:

Auch die Entgelte der Netzzusammenschaltung haben sich an den Kosten der effizienten Leistungsbereitstellung zu orientieren. Die Leistungsbereitstellung selbst hat demgemäß nach einem effizienten Prozess abzulaufen, der wiederum effiziente Netzstrukturen voraussetzt, so dass sich zunächst die Vorfrage stellte, welche Netzstruktur die effiziente Leistungsbereitstellung abbildet. Da im Falle der Vorlage unvollständiger Kostennachweise mit dem Vergleichsmarktverfahren eine alternative Möglichkeit zur Ermittlung der Kosten der effizienten Bereitstellung von Netzzusammenschaltungsleistungen zur Verfügung steht, kommt eine zumindest teilweise Erteilung der beantragten Genehmigung in Betracht, in deren Rahmen der Regulierungsbehörde für Telekommunikation und Post ein Beurteilungsspielraum bei der Konkretisierung des Begriffs der Kosten der effizienten Leistungsbereitstellung und damit auch bei der Vorfrage der Festlegung der effizienten Netzstruktur zusteht. Bei dessen Ausübung ist zudem das Konzept der zwischen den Annahmen des regulierten Unternehmens und seiner Wettbewerber vermittelnden Netzkonfiguration des Oberverwaltungsgerichts Münster[1] zu beachten.

Demzufolge kommt die Differenz zwischen den Kosten, die sich mittels der Vergleichsmarktbetrachtung unter Zugrundelegung der von der Regulierungsbehörde für Telekommunikation und Post festgelegten vermittelnden effizienten Netzstruktur berechnen, und denjenigen, die sich bei der Zugrundelegung des von der Deutschen Telekom AG vorgeschlagenen hypothetischen Netzes ergeben, als neutraler Aufwand in Betracht. In Anlehnung an das Konzept der vermittelnden Netzkonfiguration des Oberverwaltungsgerichts Münster zur Festle-

1 Oberverwaltungsgericht Münster, Beschluss vom 03.05.2001 - 13 B 69/01, K&R 2001, 424 (427).

gung des effizienten Netzes sollte bei der sich anschließenden Prüfung zwecks Ermittlung der im Rahmen der Entgeltgenehmigung zu berücksichtigenden neutralen Aufwendungen zum Ausgleich der widerstreitenden Interessen ebenfalls ein vermittelnder Ansatz zur Anwendung gelangen, um eine einheitliche Vorgehensweise auf beiden Prüfungsebenen der Thematik zu gewährleisten. In dessen Rahmen kommt wiederum eine dreistufige Vorgehensweise in Betracht. In einem ersten Schritt sollte der Vergleichsmarktbetrachtung eine Netzarchitektur zugrunde gelegt werden, die zwischen der von der Regulierungsbehörde für Telekommunikation und Post festgelegten und der von der Deutschen Telekom AG vorgeschlagenen effizienten Netzstruktur entsprechend dem Konzept des Oberverwaltungsgerichts Münster vermittelt. In einem zweiten Schritt erfolgt dann die Berechnung der Differenz zwischen den Kosten, die sich mittels der Vergleichsmarktbetrachtung unter Zugrundelegung der von der Regulierungsbehörde für Telekommunikation und Post ermittelten effizienten Netzstruktur ergeben, und denjenigen, die sich bei der Zugrundelegung der im ersten Schritt festgelegten vermittelnden Netzkonfiguration errechnen. In einem dritten Schritt ist dann der derart ermittelte Differenzbetrag im Rahmen der Entgeltgenehmigung als neutraler Aufwand zu berücksichtigen.

Literaturverzeichnis

Albach, Horst/Knieps, Günter: Kosten und Preise in wettbewerblichen Ortsnetzen, Freiburger Studien zur Netzökonomie, Band 2, 1. Auflage, Baden-Baden 1997

Bähr, Gottfried/Fischer-Winkelmann, Wolf F.: Buchführung und Jahresabschluss, 5. Auflage, Wiesbaden 1996

Barthelmes, Robert: Stellungnahme der EWE TEL GmbH zum Konzept der Deutschen Telekom AG "Element Based Charging auf Basis eines Zonenmodells" vom 21.01.2000 <http://www.regtp.de/imperia/md/content/reg_tele/analytkost/10.pdf>

Barthelmes, Robert: Stellungnahme der EWE TEL GmbH zum Konzept der Deutschen Telekom AG "IC 2001 - EBC Modell", zweite, ergänzte Auflage, vom 26.05.2000 <http://www.regtp.de/imperia/md/content/reg_tele/analyt kost/15.pdf>

Battis, Ulrich: Allgemeines Verwaltungsrecht, 3. Auflage, Heidelberg 2002

Battis, Ulrich: Kommentar zum Bundesbeamtengesetz, 2. Auflage, München 1997

Becker, Lutz: Entgeltregulierung im TKG unter besonderer Berücksichtigung kartellrechtlicher Preiskontrollinstrumentarien, K&R 1999, 112

Beck'scher TKG-Kommentar: Kommentar zum Telekommunikationsgesetz, 2. Auflage, München 2000 (zit. Bearbeiter, in: Beck'scher TKG-Kommentar)

Behrens, Hans-Jörg: Beamtenrecht, 2. Auflage, München 2001

Belfin, Roland/Lukanowicz, Martin: Positionspapier der Telekom-Control zum Ansatz der Forward Looking Long Run Incremental Costs zur Berechnung von kostenorientierten Zusammenschaltungsentgelten vom 15.01.1999 (zit. Belfin/Lukanowicz, Positionspapier zum Ansatz der Forward Looking Long Run Incremental Costs)

Bender, Gunnar: Regulierungsbehörde quo vadis?, Bestandsaufnahme aktueller Vollzugsdefizite und Reformvorschläge, K&R 2001, 506

Berger, Jakob/Kiefer, Karl-Heinz/Langenbrinck, Bernhard: Das Versorgungsrecht für die Arbeitnehmer des öffentlichen Dienstes, Kommentar, Band I, München/Berlin, Loseblattwerk, Stand: April 2003 (zit. Bearbeiter, in: Berger/Kiefer/Langenbrinck, Kommentar zum Versorgungsrecht, Band I)

Bieg, Hartmut/Kußmaul, Heinz: Externes Rechnungswesen, 3. Auflage, München/Wien 2003

Bitz, Michael/Dellmann, Klaus/Domsch, Michel E./Wagner, Franz W.: Vahlens Kompendium der Betriebswirtschaftslehre, Band 1, 4. Auflage, München 1998

Bitz, Michael/Schneeloch, Dieter/Wittstock, Wilfried: Der Jahresabschluss, 3. Auflage, München 2000

Bock, Matthias: Die Regulierung der britischen Telekommunikationsmärkte, Wirtschaftsrecht der internationalen Telekommunikation, Band 7, Baden-Baden 1995

Bodczek, Andreas: Stellungnahme der mediaWays GmbH zum Konzept der Deutschen Telekom AG "Element Based Charging auf Basis eines Zonenmodells" vom 10.02.2000 <http://www.regtp.de/imperia/md/content/reg_tele/analytkost/10.pdf>

Breyer, Patrick: Aktuelle Probleme der Entgeltregulierung gemäß den §§ 24 ff. TKG, CR 2002, 722

Bricard, Remy/Urvoaz, Hélène/Cabanes, Arnaud: Telecommunication Law in France, MMR-Beilage 8/1999, 14

Brox, Hans: Allgemeiner Teil des BGB, 26. Auflage, Köln 2002

Bull, Hans Peter: Allgemeines Verwaltungsrecht, 6. Auflage, Heidelberg 2000

Coenenberg, Adolf G.: Jahresabschluss und Jahresabschlussanalyse, 18. Auflage, Landsberg/Lech 2001

Detterbeck, Steffen: Allgemeines Verwaltungsrecht, München 2002

Deutsche Telekom AG: Bericht für das Geschäftsjahr 2002 (Kurzfassung), Bonn 2003

Deutsche Telekom AG: Stellungnahme zum Vorschlag der Regulierungsbehörde für Telekommunikation und Post vom 10.04.2000 und Modifikationen des Konzepts vom 22.12.1999 <http://www.regtp.de/imperia/md/content/reg_tele/analytkost/14.pdf>

Dörr, Rolf: Stellungnahme der TelDaFax AG zum Konzept der Deutschen Telekom AG „Element Based Charging auf Basis eines Zonenmodells“ vom 26.01.2000 <http://www.regtp.de/imperia/md/content/reg_tele/analytkost/10.pdf>

Dörr, Rolf/Hesse, Wolfgang: Stellungnahme der TelDaFax AG zum Konzept der Deutschen Telekom AG „IC 2001 – EBC Modell“, zweite, ergänzte Auflage, vom 30.05.2000 <http://www.regtp.de/imperia/md/content/reg_tele/analytkost/15.pdf>

Doll, Roland/Wieck, Reinhard: Analytische Kostenmodelle als Grundlage für Entgeltregulierungsentscheidungen, MMR 1998, 280

Doll, Roland/Wieck, Reinhard: Eingeschränkte Aussagekraft von analytischen Kostenmodellen, Eine Replik, MMR 1998, 659

Dupuis-Toubol, Frédérique/Jouyet, Jean-Pierre: Die neuen französischen Bestimmungen auf dem Gebiet der Telekommunikation - Vorstellung des Gesetzes vom 26. Juli 1996, Archiv PT 1998, 132

Dusemond, Michael/Kessler, Harald: Rechnungslegung kompakt, 2. Auflage, München/Wien 2001

Ehrler, Matthias: Stellungnahme der NETCOLOGNE Gesellschaft für Telekommunikation mbH zum Konzept der Deutschen Telekom AG "IC 2001 - EBC Modell", zweite, ergänzte Auflage, vom 31.05.2000 <http://www.regtp.de/imperia/md/content/reg_tele/analytkost/15.pdf>

Eisele, Wolfgang: Technik des betrieblichen Rechnungswesens, 7. Auflage, München 2002

Erfurter Kommentar: Kommentar zum Arbeitsrecht, 3. Auflage, München 2003 (zit. Bearbeiter, in: Erfurter Kommentar zum Arbeitsrecht)

Erichsen, Hans-Uwe/Ehlers, Dirk: Allgemeines Verwaltungsrecht, 12. Auflage, Berlin 2002

Eschweiler, Wilhelm: Die Regulierungsbehörde im Spannungsfeld zwischen Unabhängigkeit und Weisungsunterworfenheit, K&R 2001, 238

Eschweiler, Wilhelm: Regulierung der Telekommunikation und erste Entscheidungspraxis der Regulierungsbehörde für Telekommunikation und Post, K&R 1998, 530

Etling-Ernst, Martina: Praxiskommentar zum Telekommunikationsgesetz - TKG, 2. Auflage, Ratingen 1999 (zit. Etling-Ernst, Praxiskommentar zum TKG)

Eyermann, Erich: Kommentar zur Verwaltungsgerichtsordnung, 11. Auflage, München 2000

Fangmann, Helmut: Das neue Telekommunikationsgesetz, Texte und Kommentierung für die Praxis, Heidelberg 1997

Fangmann, Helmut/Lörcher, Klaus/Scheurle, Walter/Schwemmle, Michael/Wehner, Ewald: Telekommunikations- und Postrecht, Kommentar und alle neuen Rechtsvorschriften, 2. Auflage, Neuwied/Kriftel/Berlin 1996 (zit. Fangmann/Lörcher/Scheurle/Schwemmle/Wehner, Kommentar zum Telekommunikations- und Postrecht)

Fiebig/Behm: Stellungnahme der HanseNet Telekommunikation GmbH zum Konzept der Deutschen Telekom AG „Element Based Charging auf Basis eines Zonenmodells“ vom 04.02.2000 <http://www.regtp.de/imperia/md/content/reg_tele/analytkost/10.pdf>

Freund, Natascha/Ruhle, Ernst-Olav: Die Praxis der Regulierung von Terminierungsentgelten in der Telekommunikation - Ein Vergleich von Fest- und Mobilnetzen in den EU-Staaten, CR 2002, 567

Freund, Natascha/Ruhle, Ernst-Olav: Neuorganisation der Regulierung für Telekommunikation und Medien in Österreich, MMR 2001, 801

Fuchs, Ariane: Die wettbewerbsrechtlichen Rahmenbedingungen für den österreichischen Telekommunikationsmarkt, Wien 2000

Gebhardt, Hans-Uwe/Vartian, Claudine: Rechtliche Regelungen und Liberalisierung des österreichischen Telekommunikationsmarktes, MMR 1999, 153

Gehrmann, Dorothee: Stellungnahme des vatm Verband der Anbieter von Telekommunikations- und Mehrwertdiensten e.V. zum Konzept der Deutschen Telekom AG "Element Based Charging auf Basis eines Zonenmodells" vom 10.02.2000 <http://www.regtp.de/imperia/md/content/reg_tele/analytkost/10.pdf>

Geppert, Martin/Grünter, Thorsten: Stellungnahme der tesion Communikationsnetze Südwest GmbH & Co KG zum Konzept der Deutschen Telekom AG "IC 2001 - EBC Modell", zweite, ergänzte Auflage, vom 31.05.2000 <http://www.regtp.de/imperia/md/content/reg_tele/analytkost/15.pdf>

Geppert, Martin/Ruhle, Ernst-Olav/Schuster, Fabian: Handbuch Recht und Praxis der Telekommunikation - EU, Deutschland, Österreich, Schweiz, 2. Auflage, Baden-Baden 2002 (zit. Geppert/Ruhle/Schuster, Handbuch Recht und Praxis der Telekommunikation)

Gerpott, Torsten J./Winzer, Peter: Kosten von Teilnehmeranschlussleitungen in Deutschland, Berechnungsergebnisse und -probleme bei einem Rückgriff auf das WIK-Kostenmodell für Ortsnetze, K&R 2000, 521

Glas, Volker/Vartian, Claudine: Handbuch Telekommunikationsrecht, Wien 1998

Glock/Hachenberger: Stellungnahme der Mannesmann Arcor AG & Co zum Konzept der Deutschen Telekom AG "IC 2001 - EBC Modell", zweite, ergänzte Auflage, vom 31.05.2000 <http://www.regtp.de/imperia/md/content/reg_tele/analytkost/15.pdf>

Glock/Piroth: Stellungnahme der Mannesmann Arcor AG & Co zum Konzept der Deutschen Telekom AG "Element Based Charging auf Basis eines Zonenmodells" vom 31.01.2000 <http://www.regtp.de/imperia/md/content/reg_tele/analytkost/10.pdf>

Großkopf, Volker/Ritgen, Klaus: Entgeltgenehmigung nach dem Telekommunikationsgesetz, CR 1998, 86

Günther, Johann: Regulierung der Telekommunikation in Österreich, K&R 2002, 241

Gurovits, András A./Jetzer, Rolf P./Schmid Ding, Martin: Das schweizerische Telekommunikationsrecht - Das schweizerische Infrastrukturrecht SIR, Band 1 - Zürich 1998

Heder, Hans-Joachim: Stellungnahme der nordCom - CNB Communications Netzmanagement Bremen GmbH zum Konzept der Deutschen Telekom AG

"Element Based Charging auf Basis eines Zonenmodells" vom 27.01.2000 <http://www.regtp.de/imperia/md/content/reg_tele/analytkost/10.pdf>

Hefekäuser, Hans-Willi: Telekommunikationsmärkte zwischen Regulierung und Wettbewerb, MMR 1999, 144

Heger, Heiko/Grünter, Thorsten: Stellungnahme der tesion Communikationsnetze Südwest GmbH & Co KG zum Konzept der Deutschen Telekom AG "Element Based Charging auf Basis eines Zonenmodells" vom 31.01.2000 <http://www.regtp.de/imperia/md/content/reg_tele/analytkost/10.pdf>

Heidkamp, Michael/Fabry, Susanne: Stellungnahme der Teleos Gesellschaft für Telekommunikation und Netzdienste Ostwestfalen-Schaumburg mbH zum Konzept der Deutschen Telekom AG "Element Based Charging auf Basis eines Zonenmodells" vom 28.01.2000 <http://www.regtp.de/imperia/md/content/reg_tele/analytkost/10.pdf>

Heun, Sven-Erik: Handbuch Telekommunikationsrecht, Köln 2002 (zit. Bearbeiter, in: Heun, Handbuch Telekommunikationsrecht)

Hoenig, Christian/Kresbach, Georg/Jacob, Agnieszka: Das neue österreichische Telekommunikationsgesetz, K&R 1998, 187

Hoeren, Thomas/Sieber, Ulrich: Handbuch Multimedia-Recht, Rechtsfragen des elektronischen Geschäftsverkehrs, München, Loseblattwerk, Stand: Mai 2003 (zit. Bearbeiter, in: Hoeren/Sieber, Handbuch Multimedia-Recht)

Holznagel, Bernd/Enaux, Christoph/Nienhaus, Christian: Grundzüge des Telekommunikationsrechts, München 2001

Huck, Antje: Stellungnahme der Viatel GmbH zum Konzept der Deutschen Telekom AG "Element Based Charging auf Basis eines Zonenmodells" vom 11.02.2000 <http://www.regtp.de/imperia/md/content/reg_tele/analytkost/10.pdf>

Hummel, Konrad: Zusammenschaltungsanordnungen - gestern, heute, morgen, CR 2001, 440

Humpert, Christian: Die Regulierungsbehörde im britischen Telekommunikationsrecht, Münsteraner Studien zur Rechtsvergleichung - Band 49, Münster 1999

Humpert, Christian: Regulierung des Telekommunikationsmarkts in Großbritannien, K&R 1999, 457

Immenga, Ulrich/Mestmäcker, Ernst-Joachim: Gesetz gegen Wettbewerbsbeschränkungen (GWB), Kommentar zum Kartellgesetz, 3. Auflage, München 2001 (zit. Bearbeiter, in: Immenga/Mestmäcker, Kommentar zum GWB)

Ipsen, Jörn: Allgemeines Verwaltungsrecht, 2. Auflage, Köln/Berlin/Bonn/München 2001

Jäger, Bernd: Stellungnahme des (breko Bundesverband der regionalen und lokalen Telekommunikationsgesellschaften e.V. zum Konzept der Deutschen

Telekom AG "Element Based Charging auf Basis eines Zonenmodells" vom 28.01.2000 <http://www.regtp.de/imperia/md/content/reg_tele/analytkost/10.pdf>

Jäger, Bernd: Stellungnahme des (breko Bundesverband der regionalen und lokalen Telekommunikationsgesellschaften e.V. zum Konzept der Deutschen Telekom AG "IC 2001 - EBC Modell", zweite, ergänzte Auflage, vom 24.05.2000 <http://www.regtp.de/imperia/md/content/reg_tele/analytkost/15.pdf>

Kaufmann, Donatus/Hennig, Sabine: Stellungnahme der Global TeleSystems Netzwerk GmbH & Co KG zum Konzept der Deutschen Telekom AG "Element Based Charging auf Basis eines Zonenmodells" vom 30.01.2000 <http://www.regtp.de/imperia/md/content/reg_tele/analytkost/10.pdf>

Kilian, Dieter/Gottschalk, Uta: Stellungnahme der COLT TELECOM GmbH zum Konzept der Deutschen Telekom AG "IC 2001 - EBC Modell", zweite, ergänzte Auflage, vom 24.05.2000 <http://www.regtp.de/imperia/md/content/reg_tele/analytkost/15.pdf>

Kleinlein, Kornelius/Binder, Claus: Zusammenschaltungsanordnung und Entgeltregulierung, MMR 2001, 569

Kleinlein, Kornelius/Enaux, Christoph: Die Rechtswirkung der Entgeltgenehmigung im Telekommunikationsrecht - Rückwirkung, Vorleistungspflicht, Rechtsschutz, K&R 2003, 275

Klett, Detlef/Mader, Detlef: Stellungnahme der First Telecom GmbH zum Konzept der Deutschen Telekom AG "Element Based Charging auf Basis eines Zonenmodells" vom 31.01.2000 <http://www.regtp.de/imperia/md/content/reg_tele/analytkost/10.pdf>

Kloock, Josef/Sieben, Günter/Schildbach, Thomas: Kosten- und Leistungsrechnung, WISU-Texte, 8. Auflage, Düsseldorf 1999

Knack, Hans J.: Kommentar zum Verwaltungsverfahrensgesetz, 7. Auflage, Köln/Berlin/Bonn/München 2000

Knauer, Peer/Goymann, Marco: Stellungnahme der TeleBel Gesellschaft für Telekommunikation Bergisches Land mbH zum Konzept der Deutschen Telekom AG „Element Based Charging auf Basis eines Zonenmodells“ vom 31.01.2000 <http://www.regtp.de/imperia/md/content/reg_tele/analytkost/10.pdf>

Knauer, Peer/Goymann, Marco: Stellungnahme der TeleBel Gesellschaft für Telekommunikation Bergisches Land mbH zum Konzept der Deutschen Telekom AG „IC 2001 – EBC Modell“, zweite, ergänzte Auflage, vom 30.05.2000 <http://www.regtp.de/imperia/md/content/reg_tele/analytkost/15.pdf>

Knieps, Günter: Der Irrweg analytischer Kostenmodelle als regulatorische Schattenrechnungen, Kritische Analyse der Stellungnahmen zum WIK-Kostenmodell, MMR 1998, 598

Koch, Joachim: Kosten- und Leistungsrechnung, 6. Auflage, München/Wien 1997

Koenig, Christian/Braun, Jens-Daniel: Element Based Charging Ante Portas: Die Regulierung der Zusammenschaltungsentgelte am Scheideweg, MMR 2001, 563

Koenig, Christian/Loetz, Sascha: Rechtsnatur und Inhalt der Zusammenschaltungsanordnung nach § 37 TKG, K&R 1999, 298

Koenig, Christian/Vogelsang, Ingo/Kühling, Jürgen/Loetz, Sascha/Neumann, Andreas: Der Begriff des funktionsfähigen Wettbewerbs im deutschen Telekommunikationsrecht, K&R 2003, 8

Kohn/Polte: Stellungnahme der HAMCOM GmbH Telekommunikation zum Konzept der Deutschen Telekom AG "Element Based Charging auf Basis eines Zonenmodells" vom 31.01.2000 <http://www.regtp.de/imperia/md/content/reg_tele/analytkost/10.pdf>

Kopp, Ferdinand O./Ramsauer, Ulrich: Kommentar zum Verwaltungsverfahrensgesetz, 8. Auflage, München 2003

Kopp, Ferdinand O./Schenke, Wolf-Rüdiger: Kommentar zur Verwaltungsgerichtsordnung, 13. Auflage, München 2003

Kühling, Jürgen/Pfromm, René: Sektorspezifische Regulierung und allgemeines Wettbewerbsrecht in der französischen Telekommunikationsordnung, K&R 2000, 541

Ladeur, Karl-Heinz: Regulierung nach dem TKG, Genehmigung von AGB über Entgelte für Dienstleistungen marktbeherrschender TK-Unternehmen: Verfahren, materiell-rechtliche Anforderungen und Kontrolle, K&R 1998, 479

Manssen, Gerrit: Telekommunikations- und Multimediarecht, Ergänzbarer Kommentar zum Telekommunikationsgesetz, Mediendienste-Staatsvertrag, Teledienstegesetz, Teledienstedatenschutzgesetz, Signaturgesetz, einschließlich Gesetzes- und Verordnungstexten und europäischen Vorschriften, Berlin, Loseblattwerk, Stand: März 2003 (zit. Bearbeiter, in: Manssen, Kommentar, TKG)

Marschall, Bernd A.: Interconnection, Netzzusammenschaltungen zur Erbringung von Sprachtelefondiensten nach europäischem und deutschem Recht, Europäische Hochschulschriften, Reihe II Rechtswissenschaft, Band 3636, Frankfurt am Main 2003

Maunz, Theodor/Dürig, Günter: Kommentar zum Grundgesetz, Band III (Art. 20 a - Art. 53) und Band V (Art. 89 - Art. 146), München, Loseblattwerk, Stand: Juli 2001 (zit. Bearbeiter, in: Maunz/Dürig, Kommentar zum GG)

Maurer, Hartmut: Allgemeines Verwaltungsrecht, 14. Auflage, München 2002

Mellewigt, Thomas/Theissen, Bodo: Bottom-up-Kostenmodelle als Kerninstrument für zukünftige Entgeltregulierungsentscheidungen, Eine Replik, MMR 1998, 589

Moritz, Hans-Werner: Entgeltregulierung in Theorie und Praxis – Eine Zwischenbilanz, RTkom 2000, 102

Moritz, Hans-Werner/Neus, Hermann R.: Telekommunikationsgesetz und US Telecommunications Act – Ein Vergleich ordnungspolitischer Ansätze, CR 1997, 239

Müller, Dirk/Jürgensen, Gerd: Stellungnahme der KomTel Gesellschaft für Kommunikations- und Informationsdienste mbH zum Konzept der Deutschen Telekom AG "Element Based Charging auf Basis eines Zonenmodells" vom 28.01.2000 <http://www.regtp.de/imperia/md/content/reg_tele/analytkost/10.pdf>

Nacimiento, Grace: Neue Methodik zur Ermittlung von EBC-Entgelten - Abschied vom analytischen Kostenmodell?, Anmerkung zum Beschluss der Regulierungsbehörde für Telekommunikation und Post vom 12.10.2001 - BK 4a-01-026/E 03.08.01, K&R 2002, 104, in: K&R 2002, 193

Neitzel, Jens/Becker, Valentina: Stellungnahme der VIAG INTERKOM GmbH & Co zum Konzept der Deutschen Telekom AG "Element Based Charging auf Basis eines Zonenmodells" vom 31.01.2000 <http://www.regtp.de/imperia/md/content/reg_tele/analytkost/10.pdf>

Neitzel, Jens/Merkt, Jutta: Stellungnahme der VIAG INTERKOM GmbH & Co zum Konzept der Deutschen Telekom AG "IC 2001 - EBC Modell", zweite, ergänzte Auflage, vom 31.05.2000 <http://www.regtp.de/imperia/md/content/reg_tele/analytkost/15.pdf>

Oftel: Network Charges from 1997 - Consultative Document (5/97) <http://www.oftel.gov.uk/publications/1995_98/pricing/ncctitle.htm>

Oftel: Network Charges from 1997 - Statement (7/97) <http://www.oftel.gov.uk/publications/1995_98/pricing/ncct797.htm>

Oftel: Price Control Review - Consultative Document (10/2000) <http://www.oftel.gov.uk/publications/pricing/pcr1000.htm>

Oftel: Proposals for Network Charge and Retail Price Controls from 2001 (2/2001) <http://www.oftel.gov.uk/publications/pricing/pcr0101.htm>

Oftel: The Methodology to Calculate Long Run Incremental Costs, Prepared for Oftel by National Economic Research Associates (NERA), London 1996

Peine, Franz-Joseph/Heinlein, Dieter: Beamtenrecht, 2. Auflage, Heidelberg 1999

Picot, Arnold: Das Telekommunikationsgesetz auf dem Prüfstand, Münchener Kreis, Berlin/Heidelberg 2003 (zit. Bearbeiter, in: Picot, Das Telekommunikationsgesetz auf dem Prüfstand)

Pill/Marquart: Stellungnahme der Mannesmann Mobilfunk GmbH zum Konzept der Deutschen Telekom AG "Element Based Charging auf Basis eines Zonenmodells" vom 09.02.2000 <http://www.regtp.de/imperia/md/content/reg_tele/analytkost/10.pdf>

Pill/Marquart: Stellungnahme der Mannesmann Mobilfunk GmbH zum Konzept der Deutschen Telekom AG "IC 2001 - EBC Modell", zweite, ergänzte Auflage, vom 15.06.2000 <http://www.regtp.de/imperia/md/content/reg_tele/analytkost/15.pdf>

Rädler, Peter: Anmerkung zum Beschluss des Oberverwaltungsgerichtes Münster vom 3. Mai 2001 - 13 B 69/01, CR 2001, 447, in: CR 2001, 451

Reed, David P.: The Prospects for Competition in the Subscriber Loop: The Fiber-to-the-Neighborhood Approach, Paper presented at Twenty-First Annual Telecommunications Research Policy Conference, Solmons Island, Maryland, 1993

Regulierungsbehörde für Telekommunikation und Post: Aktuelles: EBC-Entscheidung vom 15.10.2001 <http://www.regtp.de/aktuelles/02285/01/index.html>

Regulierungsbehörde für Telekommunikation und Post: Pressemitteilung: Neue Rahmenbedingungen für Zusammenschaltung (Interconnection) vom 11.09.2000 <http://www.regtp.de/aktuelles/pm/00146/index.html>

Ribbrock, Bernhard/Panienka, Michael: Stellungnahme der mediaWays GmbH zum Konzept der Deutschen Telekom AG „IC 2001 - EBC Modell“, zweite, ergänzte Auflage, vom 29.06.2000 <http://www.regtp.de/imperia/md/content/reg_tele/analytkost/15.pdf>

Rittmann, Raimund/Koch, Monika: Stellungnahme der citykom münster GmbH zum Konzept der Deutschen Telekom AG "Element Based Charging auf Basis eines Zonenmodells" vom 31.01.2000 <http://www.regtp.de/imperia/md/content/reg_tele/analytkost/10.pdf>

Ruhle, Ernst-Olav/Schuster, Fabian: UMTS-Lizenzgebühren als Kosten der effizienten Leistungsbereitstellung einer angeordneten Zusammenschaltung, K&R 2001, 555

Rustige, Kai-Olaf/Noss, Matthias: Stellungnahme der VEW TELNET Gesellschaft für Kommunikation und Netzdienste mbH zum Konzept der Deutschen Telekom AG "Element Based Charging auf Basis eines Zonenmodells" vom 01.02.2000 <http://www.regtp.de/imperia/md/content/reg_tele/analytkost/10.pdf>

Sandner, Raoul/Piekarowitz, Malte: Stellungnahme der TALKLINE GmbH zum Konzept der Deutschen Telekom AG "IC 2001 - EBC Modell", zweite, ergänzte Auflage, vom 31.05.2000 <http://www.regtp.de/imperia/md/content/reg_tele/analytkost/15.pdf>

Schafer, Erwin H.: Stellungnahme des TELECOM e.V. Vereinigung von Anwendern der geschäftlichen Telekommunikation zum Konzept der Deutschen Telekom AG „IC 2001 - EBC Modell", zweite, ergänzte Auflage, vom 19.05.2000 <http://www.regtp.de/imperia/md/content/reg_tele/analytkost/15.pdf>

Scheffler, Eberhard: Bilanzen richtig lesen, Beck-Wirtschaftsberater im dtv, 5. Auflage, München 2001

Scherer, Joachim: Die Entwicklung des Telekommunikationsrechts in den Jahren 1998 und 1999, NJW 2000, 772

Scheurle, Klaus-Dieter/Mayen, Thomas: Kommentar zum Telekommunikationsgesetz (TKG), München 2002 (zit. Bearbeiter, in: Scheurle/Mayen, Kommentar zum TKG)

Schmiade, Simone: Stellungnahme des vatm Verband der Anbieter von Telekommunikations- und Mehrwertdiensten e.V. zum Konzept der Deutschen Telekom AG „IC 2001 - EBC Modell", zweite, ergänzte Auflage, vom 02.06.2000 <http://www.regtp.de/imperia/md/content/reg_tele/analytkost/15.pdf>

Schmidt, Eberhard: Stellungnahme der KielNET GmbH zum Konzept der Deutschen Telekom AG „Element Based Charging auf Basis eines Zonenmodells" vom 31.01.2000 <http://www.regtp.de/imperia/md/content/reg_tele/analytkost/10.pdf>

Schmidt, Kurt: Entgeltregulierung für Telekommunikationsdienstleistungen, K&R 1999, 385

Schneider, Jens-Peter: Flexible Wirtschaftsregulierung durch unabhängige Behörden im deutschen und britischen Telekommunikationsrecht, ZHR 164 (2000), 513

Schoch, Friedrich/Schmidt-Aßmann, Eberhard/Pietzner, Rainer: Kommentar zur Verwaltungsgerichtsordnung, München, Loseblattwerk, Stand: Januar 2003

Schoenfeld, Hans Peter/Möller, Hanns-Martin: Kostenrechnung, 8. Auflage, Stuttgart 1995

Schoof, Jörn/Kolbe, Frauke: Stellungnahme der NEFkom Telekommunikation GmbH & Co KG zum Konzept der Deutschen Telekom AG "Element Based Charging auf Basis eines Zonenmodells" vom 30.01.2000 <http://www.regtp.de/imperia/md/content/reg_tele/analytkost/10.pdf>

Schroeder, Dirk: Telekommunikationsgesetz und GWB, WuW 1999, 14

Schütz, Raimund: Anmerkung zum Beschluss des Oberverwaltungsgerichtes Münster vom 03.05.2001 - 13 B 69/01, MMR 2001, 548, in: MMR 2001, 552

Schütz, Raimund/Müller, Rolf-Georg: Entgeltregulierung in der Telekommunikation, MMR 1999, 128

Schuster, Fabian: Anmerkung zum Beschluss der Regulierungsbehörde für Telekommunikation und Post vom 08.09.2000 - BK 4a-00-018/Z 30.06.00, MMR 2001, 262, in: MMR 2001, 271

Schweitzer, Marcell/Küpper, Hans-Ulrich: Systeme der Kosten- und Erlösrechnung, 7. Auflage, München 1998

Sidler, Oliver: Die Fernmeldegesetzgebung in der Schweiz - Ein Überblick, K&R 2002, 33

Sommerberg, Christof/Sandner, Raoul: Stellungnahme der TALKLINE GmbH zum Konzept der Deutschen Telekom AG "Element Based Charging auf Basis eines Zonenmodells" vom 02.02.2000 <http://www.regtp.de/imperia/md/content/reg_tele/analytkost/10.pdf>

Sondhof, Harald/Theurer, Michael: Wettbewerb in den lokalen Fernmeldemärkten – dargestellt am Beispiel der USA, WuW 1996, 177

Spoerr, Wolfgang: Zusammenschaltung und Telekommunikations-Entgeltregulierung in der Krise?, Anmerkung zum Urteil des Verwaltungsgerichtes Köln vom 18.12.2000 - 1 L 2484/00, K&R 2001, 229, in: K&R 2001, 213

Stamm, Barbara: Die Entgeltregulierung im Telekommunikationsgesetz, Schriften zu Kommunikationsfragen, Band 28, Berlin 2001

Stelkens, Paul/Bonk, Heinz J./Sachs, Michael: Kommentar zum Verwaltungsverfahrensgesetz, 6. Auflage, München 2001

Strivens, Peter/McKean, Ross: Telecommunication Law in the United Kingdom, MMR-Beilage 8/1999, 3

Trute, Hans-Heinrich/Spoerr, Wolfgang/Bosch, Wolfgang: Telekommunikationsgesetz mit FTEG, Kommentar, 1. Auflage, Berlin/New York 2001 (zit. Bearbeiter, in: Trute/Spoerr/Bosch, Kommentar, TKG)

Vogelsang, Ingo: Analytische Kostenmodelle – ein notwendiges Übel, MMR 1998, 594

Vogelsang, Ingo: Die Zukunft der Entgeltregulierung im deutschen Telekommunikationssektor, Schriftenreihe Information und Recht, Band 38, München 2002

Vogelsang, Ingo: Kosten des Ortsnetzes, Studie des Verbandes der Telekommunikationsnetz- und Mehrwertdiensteanbieter (VTM), Düsseldorf 1996

Wagner, Fritjof: Beamtenrecht, 7. Auflage, Heidelberg 2002

Weinkopf, Marcus: Regulierung und Markteintrittsliberalisierung im US-amerikanischen Telekommunikationsbereich, Wissenschaftliches Institut für

/Kommunikationsdienste, Diskussionsbeitrag Nr. 132, Bad Honnef 1994 (zit. Weinkopf, WIK-Diskussionsbeitrag Nr. 132)

Weyhenmeyer, Stefan: Stellungnahme der NETCOLOGNE Gesellschaft für Telekommunikation mbH zum Konzept der Deutschen Telekom AG „Element Based Charging auf Basis eines Zonenmodells“ vom 31.01.2000 <http://www.regtp.de/imperia/md/content/reg_tele/analytkost/10.pdf>

Wilkens, Klaus: Kosten- und Leistungsrechnung, 8. Auflage, München/Wien 1997

Wilmer/Cutler/Pickering: Telekommunikations- und Medienrecht in den USA, Schriftenreihe Kommunikation & Recht, Band 5, Heidelberg 2000

Windthorst, Kay: Regulierungsansätze im deutschen und US-amerikanischen Telekommunikationsrecht (I und II), CR 1998, 281, 340

Winkler, Klaus: Stellungnahme der MCI WorldCom Deutschland GmbH zum Konzept der Deutschen Telekom AG "Element Based Charging auf Basis eines Zonenmodells" vom 31.01.2000 <http://www.regtp.de/imperia/md/content/reg_tele/analytkost/10.pdf>

Wissenschaftliches Institut für Kommunikationsdienste GmbH: Referenzdokument "Ein analytisches Kostenmodell für das nationale Verbindungsnetz" vom 14.04.1999 <http://www.regtp.de/imperia/md/content/reg_tele/analytkost/5.pdf>

Wissenschaftliches Institut für Kommunikationsdienste GmbH: Referenzdokument "Ein analytisches Kostenmodell für das Ortsnetz" vom 04.03.1998 <http://www.regtp.de/imperia/md/content/reg_tele/analytkost/2.pdf>

Wissenschaftliches Institut für Kommunikationsdienste GmbH: Referenzdokument 2.0 "Analytisches Kostenmodell Anschlussnetz" vom 08.11.2000 <http://www.regtp.de/imperia/md/content/reg_tele/analytkost/16.pdf>

Wissenschaftliches Institut für Kommunikationsdienste GmbH: Referenzdokument 2.0 "Analytisches Kostenmodell Nationales Verbindungsnetz" vom 30.06.2000 <http://www.regtp.de/imperia/md/content/reg_tele/analytkost/12.pdf>

Wissmann, Martin: Telekommunikationsrecht, Praxishandbuch in deutscher und englischer Sprache mit neuem EU-Rechtsrahmen, Schriftenreihe Kommunikation & Recht, Band 8, Heidelberg 2003 (zit. Bearbeiter, in: Wissmann, Praxishandbuch Telekommunikationsrecht)

Wöhe, Günter: Bilanzierung und Bilanzpolitik, 9. Auflage, München 1997

Wöhe, Günter: Einführung in die Allgemeine Betriebswirtschaftslehre, 20. Auflage, München 2000

Wöhe, Günter/Kußmaul, Heinz: Grundzüge der Buchführung und Bilanztechnik, 3. Auflage, München 2000

Wolff, Hans J./Bachof, Otto/Stober, Rolf: Verwaltungsrecht, Band 1, 11. Auflage, München 1999
Zimmermann, Gebhard: Grundzüge der Kostenrechnung, 7. Auflage, München/Wien 1998

Christina Heßler

Der Verbraucherschutz im Telekommunikationsrecht

Regulierung und Vertragsgestaltung durch TKV, TKG, TDSV und das Zivilrecht

Frankfurt am Main, Berlin, Bern, Bruxelles, New York, Oxford, Wien, 2003.
XXXI, 266 S.
Europäische Hochschulschriften: Reihe 2, Rechtswissenschaft. Bd. 3565
ISBN 3-631-39696-1 · br. € 51.50*

Der Schutz der Interessen von Verbrauchern ist eines der wesentlichen Ziele des Telekommunikationsrechts. Umgesetzt wird dieses Ziel durch die Regulierung der Leistungen der Anbieter von Telekommunikationsdienstleistungen und weitere Regelungen etwa zum Vertragsschluß, zur Entgeltabrechnung und zum Datenschutz. Trotz dieser wichtigen Stellung des Verbraucherschutzes im Telekommunikationsrechts konzentrieren sich bislang die meisten Arbeiten zu diesem Rechtsgebiet auf Fragen des Wettbewerbs. Demgegenüber liefert diese Arbeit eine erste kompakte Darstellung und Systematisierung des Verbraucherschutzes bei der Inanspruchnahme von Telekommunikationsdienstleistungen.

Aus dem Inhalt: Rechtliche Rahmenbedingungen · Vertragsschluß · Regulierung der Leistungen des Anbieters · Entgelt und Abrechnung · Vertragsbeendigung · Datenschutz und Fernmeldegeheimnis · Konfliktlösung und Sanktionen

FSC
www.fsc.org
MIX
Papier | Fördert gute Waldnutzung
FSC® C083411

Kolibri 360 GmbH
Ferdinand-Jühlke-Straße 7
99095 Erfurt, Deutschland
produktsicherheit@kolibri360.de

Druck:
CPI Druckdienstleistungen GmbH
im Auftrag der
Kolibri 360 GmbH
Ferdinand-Jühlke-Str. 7
99095 Erfurt